小学5年生

文章読解にぐーんと強くなる

学習指導要領対応

KUMON

この本の使い方

1 1回から順に、学習しましょう。

2 問題を解《と》いたら、答え合わせをして、点数をつけます。つけ方がわからないときは、おうちの方に見てもらいましょう。
答えに文字数などの指定がない場合、習っていない漢字は、ひらがなで書いていても正解《せいかい》です。

3 まちがえたところは、解説《かいせつ》を読んでもう一度取り組みます。100点にしたら、終わりです。

※ かん末の「別冊解答書《べっさつかいとうしょ》」は、取り外して使います。

もくじ

◆次の文章を読んで答えましょう。

皆《みな》さんは、何のために勉強しているのか考えたことがありますか？

僕《ぼく》も子どものころはあまり深く考えず、「へぇー、そうだったのか」と勉強して新しいことを知るのがうれしくて、与《あた》えられた課題を自分なりにこなしていました。

でも、中学生や高校生になると、難解《なんかい》で複雑《ふくざつ》なこともたくさん習います。生物や物理、数学では、難《むずか》しい理論《りろん》や公式がどんどん出てきます。自分で興味《きょうみ》を持って本を読めばわかるレベルではなくなり、かなり背伸《せの》びをしなくては理解《りかい》できなくなっていきます。

中学生のあるとき、先生に「なんで数学なんか、やらなくちゃいけないんですか？」と聞いたことがあります。そうしたら、その先生は腕組《うでぐ》みをしながらしばらく考え、おもむろに「数学を勉強する目的かぁ。数学の勉強の目的はじゃな、数学を勉強してみないとわからんのじゃ」と言いました。これは明らかにごまかしですが、当時の僕は、それを聞いて「なるほど」と

くり返し出てくる言葉やキーワードに注目して、何について書かれた文章か（話題）をとらえましょう。

1 この文章は何について書かれたものですか。（20点）

（　　　　）するのかということ。

2 ――に対する先生の答えは何ですか。（20点）

数学を（　　　　）とわからないということ。

3 先生の答えを聞いた当時の筆者の反応《はんのう》を、文章から十二字で書きぬきましょう。（20点）

□□□□□□□□□□□□

点

思っていたのです。

若《わか》いときには、世の中のことがあまりよくわかっていません。人間には、年を取って経験《けいけん》を積まなければわからないことがたくさんありますが、勉強することの意味も、経験してみて、やっとわかるという面があります。

実を言うと今だって、僕にはよくわかっていないことだらけなのです。でも年を取ると、そういうのってまずいよね、と思う気持ちがなえてくるのですね。だから、若いころに比《くら》べるとごまかして生きているのかもしれません。

それでもとにかく、先人*はいろいろなことを考え、「遺産《いさん》」を残してくれています。だから、とにかく一《いっ》生懸命《しょうけんめい》勉強しなさい。そのことの意味は、あとからわかってくるだろう。つまりは「私《わたし》たち教師《きょうし》を信じなさい」というのが勉強することの意味なのだろう、とそのときは理解したのです。

（汐見稔幸《しおみとしゆき》『人生を豊《ゆた》かにする学び方』ちくまプリマー新書）

＊ 先人…昔の人。

4 ③のように筆者が思った理由に合うものを一つ選んで、〇を付けましょう。（20点）

ア（　）人間には、経験してみてやっとわかることがあるから。

イ（　）人間は、経験してみてもよくわからないことがあるから。

ウ（　）先生のような経験豊富《ほうふ》な人にも、わからないことがあるから。

5 この文章で、筆者が伝えたいことは何ですか。（各10点）

私たちが勉強することの意味は

〔　　　　　　〕

ものだから、〔　　　　〕を信じて勉強すべきだということ。

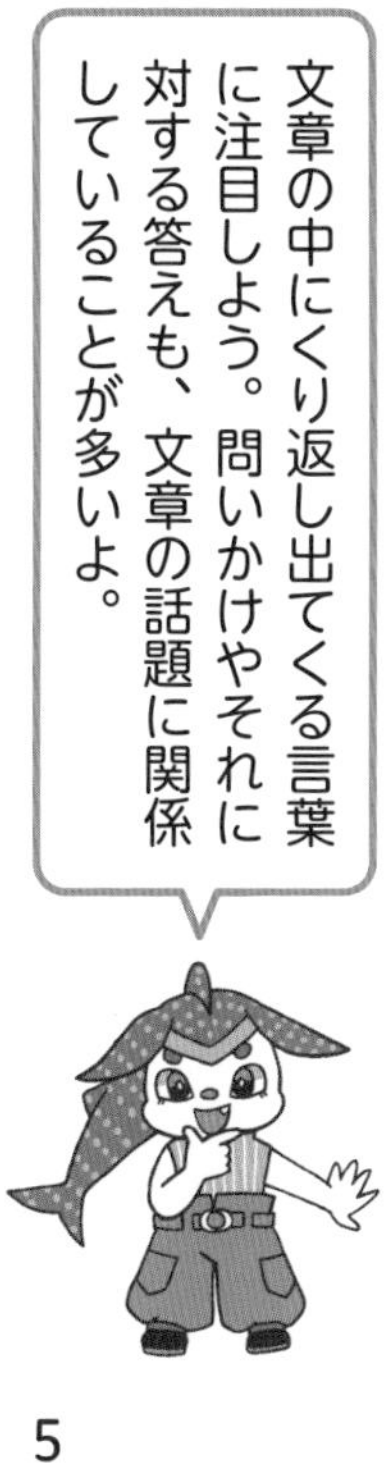
文章の中にくり返し出てくる言葉に注目しよう。問いかけやそれに対する答えも、文章の話題に関係していることが多いよ。

◆次の文章を読んで答えましょう。

[1]一般《いっぱん》的に、スポーツができる人と勉強ができる人は別だというイメージが広がっているかもしれません。

[2] [A] 実際《じっさい》、スポーツをすることにも、全脳《ぜんのう》は使われています。

[3] [B] 、サッカーで仲間が今どのあたりを走っているか、対戦相手はどうしているか、時々刻々《じじこっこく》情報《じょうほう》を読《よ》み込《こ》み、どこにボールを出すべきか判断《はんだん》をして、実際に的確《てきかく》にボールが出るように体の各所へ出力命令を出す。この意思決定には、脳《のう》の後ろ側に位置する視覚《しかく》＊1から脳の前側に位置する運動野《や》＊2まで、脳全体が適切《てきせつ》に働くことが重要で、選手たちは一秒一秒こんなに複《ふく》雑《ざつ》なことをやり遂《と》げているのです。

[4]＊3インプットがあって＊4アウトプットをするという点で、スポーツも、机《つくえ》でやる勉強と同じか、もしくは一つの行動に厳《きび》しい勝敗がかかっているという点で、机でする勉強以上に脳を働かさなければできないものなのです。つまりスポーツができる人は頭が良いというのが、脳科学《のうかがく》的な事実です。

練習 ★★★

点

1 [1]～[4]の段落《だんらく》は、何について書かれたものですか。(10点)

（　　　　）の脳の働き。

2 [A]・[B]に入る言葉は何ですか。合うものを一つずつ選んで、記号を答えましょう。(各10点)

ア つまり　イ 例えば　ウ ところで
エ あるいは　オ しかし

A（　）　B（　）

3 「スポーツができる人は頭が良い」といえるのは、なぜですか。(各10点)

一つの行動に厳しい勝敗がかかっているという点で、（　　　）以上に（　　　）を働かせなければできないものだから。

5最後に、一流のスポーツ選手から私《わたし》たちまで、全ての人に役立つような、緊張《きんちょう》の中でベストパフォーマンスを出せる秘訣《ひけつ》をまとめておきましょう。

6*5潜在能力《せんざいのうりょく》の開発については、家で一人で本を読んでいるのが好き、という人なら、スポーツ選手のような一瞬一瞬《いっしゅん》の緊張を伴《ともな》う意思決定能力を参考にするといいでしょうし、逆《ぎゃく》にスポーツ選手なら、その競技《きょうぎ》に直《ちょく》接《せつ》かかわりのないような、［ C ］ことが役に立つでしょう。誰《だれ》かが必死でやっていることは全て自分にも役立つ。そんな気持ちで参考にしてみてください。

（茂木健一郎《もぎけんいちろう》『緊張を味方につける脳科学』河出新書《かわでしんしょ》）

*1 視覚野…視覚に関係のある脳の部分。
*2 運動野…体に運動に関する命令を出す脳の部分。
*3 インプット…外部にある物事を内部に取りこむこと。
*4 アウトプット…内部にある物事を外部に出すこと。
*5 潜在能力…まだ表に現《あらわ》れていない能力。

4 ［ C ］に入る言葉は何ですか。合うものを一つ選んで、○を付けましょう。（20点）

ア（　）緊張を伴う意思決定能力を養う
イ（　）読書で教養を身につける
ウ（　）緊張を解《と》いてゆっくり休む

5 5・6の段落は、何について書かれたものですか。（各10点）

緊張の中で（　　　　）を出すには、誰かが（　　　　）でやっていることは全て自分にも（　　　　）という気持ちで参考にすること。

「本を読んでいるのが好き」な人と「スポーツ選手」のことが説明されているね。

◆次の文章を読んで答えましょう。

絵画の見方は、実はどんどん変わると思います。個《こ》人《じん》の年齢《ねんれい》の変化によって見えてくる深みが違《ちが》ってくることは当然です。文学でも映画《えいが》でも、年齢を重ねることによって別の見え方をした体験は、みなさんもお持ちでしょう。

また、知識《ちしき》が増《ふ》えることによって、①絵画のなかに入れられた花や水差しの意味がわかってくることもあります。そうすることで、その作品の深部までどんどん見えてきて、絵画がおもしろくなってきます。

＊モチーフは必然性《ひつぜんせい》に裏打《うらう》ちされているべきものですから、西洋絵画において、すぐれた作品に描《えが》かれているものには、すべて意味があると言ってよいものです。

[A]、人物画の画面に白いユリの花が描かれていれば、その女性《じょせい》が純粋《じゅんすい》であることを意味しますし、水差しが出てくれば、その描かれた人物が植物に水をやるような優《やさ》しい心を持っているという意味です。

[B]、②病院に飾《かざ》る絵画は、あまり明るい作品は好まれないという話を聞いたことがあります。悩《なや》みがあっ

1 この文章は何について書かれたものですか。（10点）

（　　　）が変わる要因《よういん》について。

2 ①「絵画のなかに入れられた花や水差し」には、どのような意味がありますか。（各10点）

・白いユリ…絵の女性が（　　　）であること。

・水差し…絵の人物が（　　　）を持っていること。

3 [A]・[B]に入る言葉は何ですか。合うものを一つずつ選んで、記号を答えましょう。（各10点）

ア さて　イ たとえば　ウ なぜなら
エ また　オ しかし

A（　　）　B（　　）

て病院に行き、待合室で待つ時を想像《そうぞう》してください。通常《つうじょう》だったら好まれない暗い作品は、作者も悩み、苦しんで描いているのです。そのような作品に病院で接《せっ》し「ああ、つらいのは私《わたし》だけじゃないんだな」と思って、悩みの種類は違っても、共に悩み、共に苦しむ友を得《え》た思いになることで、しばし作品世界に入《はい》り込《こ》み、時が経《た》つのも忘《わす》れ、ひと時にせよ、孤独感《こどくかん》から救《すく》われる心境《しんきょう》になるかもしれません。

　絵画の見方は、「自分」「環境《かんきょう》」という変わりえる変数が複数《ふくすう》ある方程式《ほうていしき》のようなものです。年齢、人生経《けい》験《けん》、立場、境遇《きょうぐう》によって、極端《きょくたん》な場合は、朝と夜でも同じ絵画が違って見えることがあります。③絵画とは、そのような「生きもの」なのです。

診察室

（千住博《せんじゅひろし》『芸術《げいじゅつ》とは何か――千住博が答える147の質問《しつもん》』祥伝社新書《しょうでんしゃしんしょ》）

＊モチーフ…絵画・音楽・小説などの中心的な題材。

4 ②――は、なぜですか。合うものを一つ選んで、○を付けましょう。（20点）

ア（　）患者《かんじゃ》が絵を見ることで、自分の悩みを忘れることができるから。

イ（　）患者が作者に同情《どうじょう》し、自分の悩みをちっぽけなものに感じるから。

ウ（　）患者が作者を友のように思い、孤独感から救われる心境になれるから。

5 ③――は、どういうことですか。（30点）

絵画は、「自分」や「環境」といったものによって、

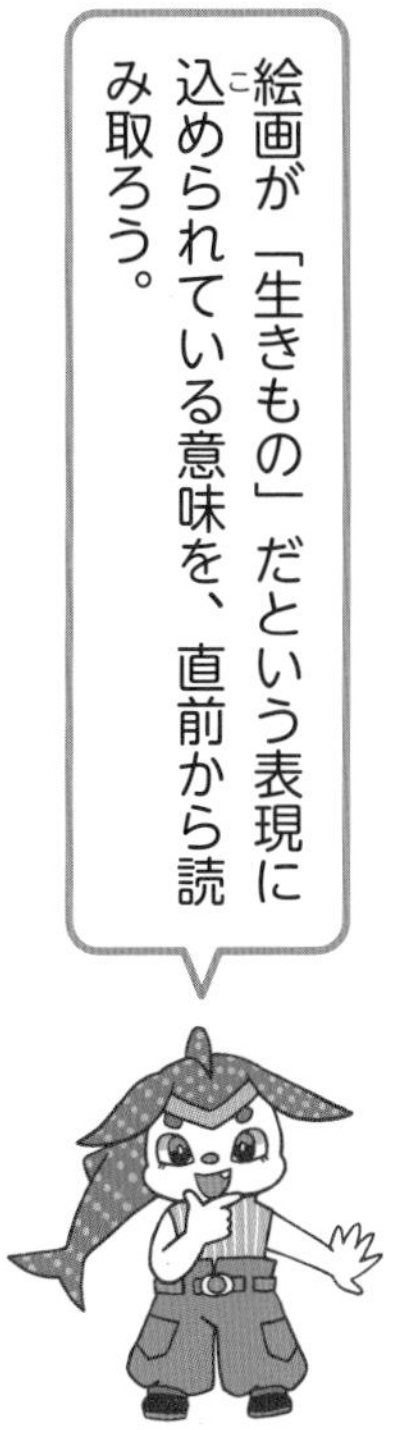
絵画が「生きもの」だという表現に込《こ》められている意味を、直前から読み取ろう。

◆次の文章を読んで答えましょう。

ところで、「世界で一番わかりにくいのは、日本語とアラビア語だ」と外国人はこんなふうに文句《もんく》を言うらしい。まあ、たしかに日本語というのはかなり変わった言語体系《たいけい》ではあります。

じつは、日本以外の世界に住んでいるあらかたの人びとは*1バイリンガルだともいえます。ひとつに限《かぎ》らずいろんな言語を話せることが多い。［A］アメリカだったら、英語だけじゃなく、むしろスペイン語のほうが通用する地域《ちいき》というのもある。同じように、①どの国でもたいてい二カ国語くらいは通用することが多い。

それに引《ひ》き換《か》え、日本人は*2モノリンガルだといえるでしょう。日本語以外の言語が通用する地域というのは、まずありえない。日本語というのは言葉と国籍《こくせき》が直結した、いわば体質《たいしつ》的な言語だということです。［B］外国語を話すことが下手なんじゃないかと言われてしまう。

その考えはたしかに成り立つ。ただ私《わたし》は、逆《ぎゃく》にこんなふうにも思うんです。「②日本語ほどバイリンガルな言葉はないのかもしれないないな」と。

日本語には「かな」と「漢字」がありますよね。この二つは、姿《すがた》も体系もまったく異《こと》なっている。「かな」から「漢字」へ、「漢字」から「かな」へ、私たち日本人はそのひとつひとつの切《き》り替《か》えを、読むときばかりでなく話すときも瞬時《しゅんじ》にこなしているんです。パソコンだったらこの変換《へんかん》は機械がやってくれるわけだけど、日常《にちじょう》的なやりとりではそうはいかない。その膨大《ぼうだい》な量の変換を常《つね》に頭の中で行うことになる。そりゃあ疲《つか》れるはずですよね。

そのぶん、翻訳《ほんやく》は非常《ひじょう》にうまい。それから、外国から入ってきた技術《ぎじゅつ》を理解《りかい》して覚えるのも大層《たいそう》うまいといえます。

*3明治維新《めいじいしん》のとき、西洋文明の流入と同時に、それまでの日本語の*4概念《がいねん》になかった言葉も大量に入ってきました。日本人は、それらになんとか漢字をあてて訳して使ったわけです。たとえば「認識《にんしき》」だとか*5「観念」だとかが代表的な例ですね。それを明治の初めのうちに見事にやってのけた。③これは、皆《みな》さんが想像《そうぞう》している以上に高度な作業なんですよ。

（古井由吉《ふるいよしきち》「言葉について」・『考える方法〈中学生からの大学講義《こうぎ》〉2』ちくまプリマー新書）

＊1　バイリンガル…二言語を使いこなせる人。
＊2　モノリンガル…一言語しか話せない人。
＊3　明治維新…江戸《えど》時代末期から明治時代初期にかけての近代化改革《かいかく》。
＊4　概念…物事のおおまかな意味内容《ないよう》。
＊5　観念…物事に対して持つ考え。

1　この文章は何について書かれたものですか。（15点）

（　　　　）

2　①――に対して、日本はどうですか。（15点）

（　　　　）

3　［A］・［B］に入る言葉は何ですか。合うものを一つずつ選んで、記号を答えましょう。（各5点）

ア　さらに　　イ　しかし　　ウ　つまり
エ　たとえば　　オ　だから

A（　　）　B（　　）

4　②――とは、どういうことですか。（各5点）

日本語は、「（　　）」と「（　　）」の切り替えを、（　　）ときや（　　）ときに瞬時に行うものだということ。

5　③――の説明として合うものを一つ選んで、○を付けましょう。（15点）

ア（　）新しい日本語を外国に広めたこと。
イ（　）西洋文明を日本語に取り入れたこと。
ウ（　）西洋文明が多く流入してきたこと。

6　「インターネット」「サービス」という言葉を、あなたならどのように漢字を使った言葉に翻訳しますか。一つ選んで、理由もふくめて書きましょう。（25点）

表現力《ひょうげんりょく》

（　　　　）

二つの言葉の中から興味《きょうみ》のあるものを選んで翻訳し、そのように表現する理由を説明しよう。

◆ 次の文章を読んで答えましょう。

長く考えればそれだけ思考が深まっていい手が指せるのか、いい決断《けつだん》ができるのかというと、必ずしもそうではないような気がする。

将棋《しょうぎ》の世界には、「長考に好手《こうしゅ》なし」という言葉もある。長く考えたからといっていい手が指せるわけではないのだ。むしろ、長く考えているのは迷《まよ》っているケースが多いからで、創造《そうぞう》的に考えていることは少ない。

[A]、Aという選択肢《せんたくし》を選ぶ。そこから先を何手か読む。①それを選択肢Bにしたらどのように変わるだろう、といった具合に、可能性《かのうせい》のありそうな手筋《てすじ》を選んで何手か読む。すると、たいてい三十分もすれば、それぞれの一〇手先の展開《てんかい》までは到《とう》達《たつ》することができる。

さてそこで、最終的にそのAという選択肢を選ぶのか、[B]Bを選ぶのかという段階《だんかい》になって、迷ってしまうのだ。選択、決断をためらってしまい、踏《ふ》ん切《ぎ》りがつかずにその決断を放棄《ほうき》してしまう。そして、もしか

文と文の関係に注目して、指し示《しめ》す言葉（指《し》示《じ》語《ご》）の内容《ないよう》や、適切《てきせつ》な文と文をつなぐ言葉（接《せつ》続《ぞく》語《ご》）をとらえましょう。

① [A]～[C]に入る言葉は何ですか。合うものを一つずつ選んで、記号を答えましょう。（各10点）

ア つまり　イ あるいは　ウ さらに
エ たとえば　オ しかし

A（　　）　B（　　）　C（　　）

接続語は、前の文と後の文の関係によって決まるよ。どのような関係にあるか考えよう。

② ①「それ」とは何ですか。文章から七字で書きぬきましょう。（20点）

□□□□□□□

したらとまた違《ちが》う可能性を探《さが》し始めたり、両方の選択をもう一度なぞったり……とするうちにじりじりと時間が過《す》ぎてしまう。

[C]、ある程度《ていど》の道のりまでは来ているのに、そこから先を、考えているより迷っている、決断しきれずにいるだけというケースが非常《ひじょう》に多いのだ。

対局中に、自分の調子を測《はか》るバロメーターがある。②それは、たくさん記憶《きおく》ができているかとか計算できるかとか、パッと新しい手がひらめくかとかいったことではない。

③そうではなく、「見切る」ことができるかどうかだ。迷宮《めいきゅう》に入《はい》り込《こ》むことなく、「見切って」選択できるか、決断することができるかが、自分の調子を測るのに分かりやすいバロメーターになる。

「見切る」ことによって選択できる、決断できるのは、調子がいいときだ。すぐに立ち止まり、迷ってしまいがちになるのは調子が悪いときだろうと思っている。

「見切る」とは、必ずしもこれで勝てるとかこちらが正しいといった明快《めいかい》な答え、結論《けつろん》ではない。「分からないけれども、まあ今日はこれでいってみよう」とか、「今回はこっちを選ぼう」と、絶対《ぜったい》の自信はなくとも思いきりよく見切りをつけることができるかどうか。それは、直感を信じる力の強さにも通じているのではないか。

（羽生善治《はぶよしはる》『直感力』PHP新書）

3 ②「それ」とは何ですか。文章から十四字で書きぬきましょう。（20点）

4 ③——とは、どういうことですか。（各10点）

たくさん（　　　　）とか計算できるかとか、（　　　　）とかいうことではなく、（　　　　）はなくとも思いきりよく見切りをつけることができるかどうかだということ。

「そうではなく」の指示内容と、「見切る」ことの意味を、文章から読み取ろう。

◆次の文章を読んで答えましょう。

金閣寺《きんかくじ》との出会いは唐突《とうとつ》だ。入口から少し歩くと、いきなり目の前に現《あらわ》れる。まだ心の準備《じゅんび》もしないうちに、金色に輝《かがや》くそれが目に入る。もったいぶって、先に「ひっぱる」ことをしない。音楽でいえば、イントロも第一楽章もない、サビのメロディが冒頭《ぼうとう》にくるスタイルを「サビ頭《あたま》」というが、まさに①そんなふうに金閣寺と出会う。

[A]金閣寺は、見る人の心を一瞬《いっしゅん》でつかむ。金色で、ピカピカで、しかも屋根があって柱があって、建物になっている。こんな家があるのか！

[B]一目見ただけで、「見た気《き》」になって、気が済《す》んでしまうのも早い。写真を撮るためカメラのシャッターを押《お》せば、もう十分、と帰りたくなる人もいることだろう。そんな人が多いのか、入口には、一方通行と書いてある。すべての順路をまわって、出口から出ないといけないのだ。

たしかに金閣寺の建物だけを、一目見て、それで終わるのはもったいない。金閣寺には、庭があり池があり、滝《たき》があり、茶室もある。見どころは他にもあるのだ。順路にそって歩くと、ほぼ正面からの金閣寺を見て、

1 ①「そんなふうに」が指している内容《ないよう》に合うものを一つ選んで、○を付けましょう。（15点）

ア（　）音楽にサビのメロディがあるように。
イ（　）サビのメロディが冒頭にくるように。
ウ（　）音楽のイントロや第一楽章のように。

2 [A]・[B]に入る言葉は何ですか。合うものを一つずつ選んで、記号を答えましょう。（各10点）

ア　しかし　イ　つまり　ウ　しかも
エ　なぜなら　オ　それとも

A（　）B（　）

3 ②「そういう全体」とは、どのようなことですか。（各10点）

金閣寺を見た後に歩かされる

（　　　　）など、
（　　　　）を

横に歩いていき、後ろにまわり、そのあとに坂道を登る。坂道ではもう金閣寺は見えないが、それでも道は続く。

　なぜ、何もない道を歩かされるのか、と思ってはいけない。金閣寺を見た後に、長い道が続くからといって、罰《ばつ》ゲームではないし、無駄《むだ》な回り道でもない。そのどれもが金閣寺の要素《ようそ》を構成《こうせい》しているものであり、②そういう全体が味わえたとき、はじめて金閣寺を見たといえる。最初の、ぱっと見の一瞬だけで、金閣寺を鑑賞《かんしょう》する時間が終わってはいけない。

　芸術《げいじゅつ》というものは、エンターテインメントとはちがう。その違《ちが》いはどこにあるかといえば、見る人の「時間」の中にある。最初にぱっと見て心をつかまれる。しかし、それだけで何も残らない、それがエンターテインメントだ。一方の芸術は、いきなりその魅力《みりょく》にわしづかみにされなくても、じわじわと、いわば永遠《えいえん》に続く感動がある。

　金閣寺には、［C］がある。入口から入って、目の前に現れた時にドキッとして「わあー、金閣寺だ！本物だ」と思う。しかし、③金閣寺の美には「その先」がある。なぜ、金閣寺の裏《うら》に、一見無駄とも思える長い道があるのか。そういうことを考えることから、金閣寺という芸術との出会いがはじまる。

（布施英利《ふせひでと》『京都美術《びじゅつ》鑑賞入門』ちくまプリマー新書）

構成しているものをふくむ全体。

4 ［C］に入る言葉は何ですか。合うものを一つ選んで、〇を付けましょう。（15点）

ア（　）芸術であるからこその魅力

イ（　）エンターテインメントにはない魅力

ウ（　）エンターテインメントと芸術の両方の魅力

5 ③「金閣寺の美には『その先』がある」とは、どういうことですか。（30点）

金閣寺を見て、「本物だ」などと感動した後に、

（　　　　　　　　）

「その先」は、前で述《の》べられている、金閣寺を見て感動した後のことを指しているよ。

指《し》示《じ》語《ご》・接《せつ》続《ぞく》語《ご》

◆次の文章を読んで答えましょう。

私《わたし》は、昔はコトバがボコッと出たという立場でしたが、いろいろな研究成果を見てきた結果、今は徐々《じょじょ》に生まれてきたという見方のほうが正しいかなと思っています。コトバの出現《しゅつげん》が五万年前として、文学や法律《ほうりつ》、社会的制度《せいど》などが生まれたのは六〇〇〇～七〇〇〇年前。現《げん》在《ざい》のイラクやトルコ周辺に栄えたメソポタミア文明がその最初で、エジプト文明などは①それよりちょっと遅《おく》れています。おカネが世界で初めて流通したのはギリシャで、古代ギリシャを発達させる原動力となりました。

[A]、おカネやコトバが存在《そんざい》する前の社会はどういうものだったのか。②そういう社会では、人間は共同体に属《ぞく》していました。コミュニティといわれるものです。古代社会の一つの共同体には、一〇〇人くらいしかいなかった。そしてコトバのない時代の共同体では、表《ひょう》情《じょう》や身《み》振《ぶ》り、叫《さけ》び声などで意思が伝えられた。伝《でん》統《とう》的社会における交換《こうかん》は贈《おく》り物とその返礼という形で行われていました。贈り物をされた人は相手に義理《ぎり》を感じて、さらに贈り物をし、それを受けた人がさらに返礼しという果てしない贈り物と返礼のくり返しによって、モノが交換されていたのです。

日本に「お歳暮《せいぼ》」や「お中元」の③習慣《しゅうかん》があるのも、そのような古い時代の伝統の名残《なごり》です。私の両親や祖父母《そふぼ》にとって「お歳暮」「お中元」はとても重要なことで、贈られたら必ず贈り返さなければならないと、そのことで頭がいっぱいでした。

顔の表情や、身振り手振りで意思表示するには、お互《たが》いに顔を知っていないといけない。未知の人とはベーシックなことは通じても、込《こ》み入《い》ったことになると通じません。モノを贈ってくれた人に返礼するには、贈ってくれた人を覚えていなければなりません。[B]おカネができる前の社会は、お互いの顔を知らないと成り立たない。せいぜい一五〇人くらいまでの規模《きぼ》が限《げん》度《ど》だったでしょう。

④そのような共同体は、互いに依存《いそん》し合う美しい社会ともいえますが、同時に不自由でもあります。お互いが常《つね》に監視《かんし》し合い、掟《おきて》に外れると村八分にあう。そういう社会は内と外がはっきりしています。仲間同士《どうし》は

仲がよくても、外の人とは敵対《てきたい》する。内は味方で、外は敵。節分の豆まきで「福は内、鬼《おに》は外」というのは正にそのことです。

（岩井克人《いわいかつひと》「おカネとコトバと人間社会」・『学ぶということ〈続・中学生からの大学講義《こうぎ》〉1』ちくまプリマー新書）

1 ①「それ」とは何ですか。文章から書きぬきましょう。（15点）

［　　　　］

2 [A]・[B]に入る言葉は何ですか。合うものを一つずつ選んで、記号を答えましょう。（各10点）

ア　たとえば　イ　だから　ウ　しかし

エ　しかも　オ　それでは

A（　）　B（　）

3 ②「そういう社会」とは、どのような社会ですか。文章から十六字で書きぬきましょう。（15点）

4 ③「そのような古い時代の伝統」の説明として合うものを一つ選んで、○を付けましょう。（20点）

ア（　）お互いに贈り物をし合うことによってモノの交換をしていた。

イ（　）贈り物とそれに対する返礼によってモノの交換をしていた。

ウ（　）おカネを使って、自分がほしいものを買っていた。

5 表現力《ひょうげんりょく》 ④「そのような共同体は……あります」とは、どういうことでしょう。（30点）

［　　　　］

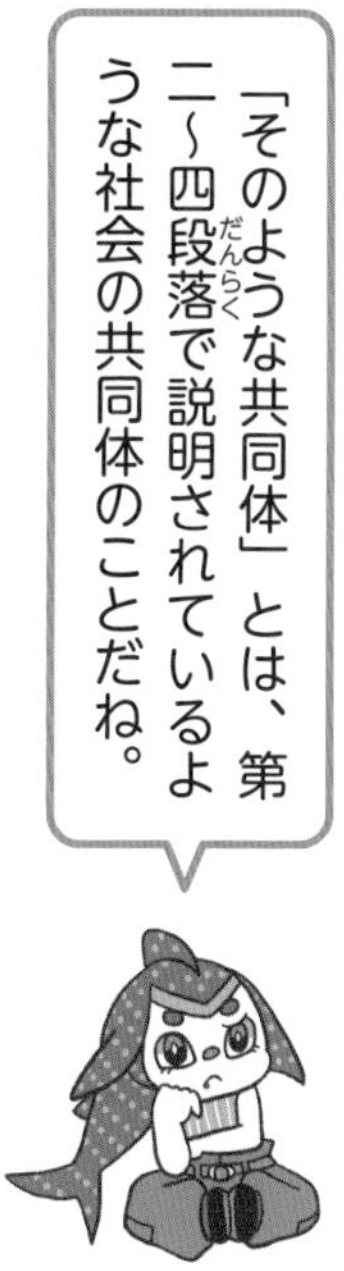
「そのような共同体」とは、第二～四段落《だんらく》で説明されているような社会の共同体のことだね。

◆次の文章を読んで答えましょう。

「冒険《ぼうけん》がしたいんだ」

夜のベランダで、北斗《ほくと》は父さんに答えた。重大な秘《ひ》密《みつ》でも打ち明けるように声をひそめた。

母さんはさっき風呂《ふろ》に入ったばかりだから、話を聞《き》かれる心配はない。今なら父さんにだけ計画を打ち明け、味方に引《ひ》き込《こ》むことができそうだった。

「だからクリスマスには、その許可《きょか》が欲《ほ》しい」

「冒険の……許可？」

父さんは面食《めんく》らっている。二つの言葉がうまく結びつかないのだろう。

その手の煙草《たばこ》の先から、ぽろりと灰《はい》が落ちる。北斗の奇襲《きしゅう》は成功したようだった。

ほんの何分か前、父さんが夜のベランダで煙草を吸《す》っていることに気づいた北斗は、何気ない顔で出てきた。これで何度目かの禁煙《きんえん》失敗で、だからチャンスと思ったのだけれど、北斗の方からそのことを言い出したわけじゃない。狙《ねら》い通り、ばつが悪くなった父さんの方から①クリスマスのプレゼントは何が欲しいかと尋《たず》ねてきたのだった。

基本《きほん》 ★★★

いつ、どこで、だれが、どうしたかに注目《ちゅうもく》して、だれが何をしている場面かをとらえましょう。

1 どこで、だれが、何をしている場面ですか。（各10点）

夜の□□□□で、□□と□□□が□をしている場面。

文章の初めの部分に注目して、どこで、だれが、何をしているのかをとらえよう。

2 ①――とありますが、北斗は、クリスマスのプレゼントに、何が欲しいと考えていますか。文章の言葉を使って、七字以内で書きましょう。（20点）

□□□□□□□

点

きっと父さんとしては、携帯《けいたい》電話とかゲームソフトとか自転車をグレードアップさせるパーツとか、これまで北斗がねだったような物を予想していたのだろう。十一月の誕生日《たんじょうび》にも、北斗は速度や回転数や走行距離《きょり》が分かるサイクルコンピューターを買ってもらったばかりだった。

ぴかぴかのニューパーツは愛用のマウンテンバイクに取り付けてある。乗り回しながら速度や回転数の記録に挑戦《ちょうせん》しているけれど、放課後や休みの日に乗るくらいでは大した走行距離を表示《ひょうじ》できないのが②北斗の不満だった。遊びに出かけたら帰らなくてはならないわけで、そうすると大した距離は走れないのだ。

だから北斗は冒険の旅に出たかった。今年のクリスマスは、その冒険に向けた長期計画の第一歩だ。そりゃあ欲しい物はいろいろあるけれど、それを我慢《がまん》してでもやりたいことがある。冒険の旅に出るにはその準備《じゅんび》が肝心《かんじん》なのだった。

先月十二歳《さい》になった北斗は、次の春がくれば小学校を卒業する。四月から中学生だけど、その前の三月下《げ》旬《じゅん》、小学生でも中学生でもない春休みが冒険のチャンスだと思っていた。だから今から準備を整え、いざとなって両親から邪魔《じゃま》されないようにしておくのである。

（竹内《たけうち》 真《まこと》『自転車冒険記　12歳の助走』河出書房新社《かわでしょぼうしんしゃ》）

3 ②「北斗の不満」とありますが、どのようなことが不満なのですか。一つ選んで、○を付けましょう。（10点）

ア（　）放課後や休みの日に自転車で遠出することを、両親に禁じられていること。

イ（　）誕生日に買ってもらったサイクルコンピューターを活用しきれていないこと。

ウ（　）新しいパーツを買ってもらえないので、自転車をグレードアップできないこと。

4 今年のクリスマスに、北斗がしようとしているのは、どんなことですか。（各10点）

次の□□□に□□□□に出るための□□を整えること。

「今年のクリスマスは、」の後に、「長期計画の第一歩」とあるね。具体的にはどんなことなのかを、続く部分から読み取ろう。

9 文学的文章

場面

練習 ★★★

◆次の文章を読んで答えましょう。

〔弓子《ゆみこ》のいるテニススクールに弟の太二《たいじ》がはいってきた。〕

パワーはまるでないくせに、抜群《ばつぐん》の反射神経《はんしゃしんけい》と勝負へのこだわりで、ふつうは追いつくはずのないボールに追いついてしまう。なにより太二は明るくて、見ているひとたちを味方につけるふしぎな魅力《みりょく》を持っていた。

弓子だって運動神経には自信があったし、テニススクールにいる同年代の女子のなかでは強いほうだった。「弓ちゃん」と、コーチやおばさんたちから呼《よ》ばれてかわいがられていたのに、太二がはいってきて半年もすると「太二くんのおねえちゃん」と言われるようになったのがなにより悔《くや》しかった。しかも太二のほうでは、自分が人気者になっていることなど気にもとめず、ボールを追ってひたすらコートをかけまわっているのだ。

「あんたねえ、子どものうちからそんなにはげしい練習をしていると、ヒジやヒザを痛《いた》めて、からだによくないのよ」

弓子が注意をしても太二はへいちゃらだった。そして、練習がおわったあとも、ほかのひとたちのプレーをあきずに眺《なが》めている。

❶ テニススクールにはいってきた太二は、どんな様子でしたか。（各10点）

抜群の反射神経と［　］へのこだわりで
ボールに追いつく。明るくて、ふしぎな［　］
を持っているため、［　］になった。

❷ 太二がテニススクールにはいってきて、弓子がいちばん悔しかったのは、どんなことですか。（20点）
それまで「弓ちゃん」と呼ばれていたのに、

〔　　　　〕

❸ ①――とありますが、太二が弓子をたよりにしていたことは、太二のどんな行動から分かりますか。文章から二十五字でさがして、初めと終わりの四字を書きましょう。（完答15点）

点

そんな太二だったが、①小学校では弓子をたよりにしていて、入学したばかりのころは休み時間のたびに弓子のいる五年生の教室にやってきた。くりくりとした大きな目をしているので弓子の友だちにかわいがられて、機嫌《きげん》をよくして一年生の教室にもどっていく。チャイムが鳴っても帰らないときは、太二の担任《たんにん》の水野《みずの》先生がむかえにきた。

「やっぱりここにいたのね。さあ、帰りましょう」

「やだ。帰らない」

「どうして帰らないの？　ここは五年生の教室で、太二くんは一年生でしょ」

「②だって、水野先生がおばさんだから」

ほかの子が言ったら、場がシラケたり、反感を買ったりするだろうが、太二が言うとクラスが笑いにつつまれた。水野先生まで笑っている。そのスキに太二はかけだして、水野先生より先に自分の教室にもどってしまう。
弓子が中学受験をしようと考えたのは、太二が絶対《ぜったい》に来《こ》られない場所に行きたいからでもあった。中高一《いっ》貫《かん》の女子高なら、太二はどうやってもはいれない。四つも年下の弟に対するコンプレックスをバネにして中学受験をするなどおかしい気もしたが、弓子はなんとしても地元の市立中学には行きたくなかった。
（佐川光晴《さがわみつはる》『大きくなる日』集英社）

□□□□～□□□□

4　②「だって、水野先生がおばさんだから」と太二が言ったときの、まわりの反応《はんのう》はどのようなものでしたか。一つ選んで、〇を付けましょう。（15点）

ア（　）言われた本人もおこらず、笑いにつつまれた。

イ（　）まわりは笑ったが、言われた本人ははらを立てた。

ウ（　）場がシラケて、まわりに反感を買った。

5　弓子は、なぜ中学受験をしようとしているのですか。一つ選んで、〇を付けましょう。（20点）

②——の後を、だれが、どうしたかに注意して読もう。

ア（　）手のかかる弟である太二のめんどうをみる役目から解放《かいほう》されたいから。
イ（　）太二にコンプレックスをいだき、太二とはなれて学校生活を送りたいから。
ウ（　）何をしても勝てない太二が絶対にはいれない中学にはいって、見返したいから。

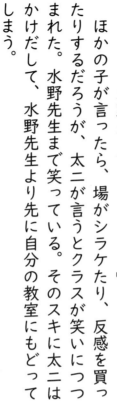

◆次の文章を読んで答えましょう。

健太《けんた》（「ぼく」）は、じっちゃ先生と、「しあわせの花1号」「しあわせの花2号」と名づけた花を育てていたが、「2号」は犬に食べられてしまった。

お寺の境内《けいだい》には、さわやかな風が吹《ふ》いていた。ちょうど夕焼けの時間だった。

①三人がならぶと、大・中・小の三本の長い影《かげ》ができた。ぼくたちは自分の影を追うようにしてお堂《どう》のほうへ歩いた。

1号は、いた。じっちゃ先生が来《く》るのを、そこで待っていた。小さなつぼみをしっかり空に向けて。

一時間前より少しふくらんだように見えたのは、気のせいだろうか。

（中略《ちゅうりゃく》）

そのとき、目の前に白いものが現《あらわ》れた。足をひきずって、よろけるような動きで。

犬だ。――急に背中《せなか》が冷たくなった。

毛は汚《よご》れて、白というより灰色《はいいろ》に近い。あちこちが皮膚病《ひふびょう》みたいにはげ、肌《はだ》の色がすけて見える。顔をななめに下げたまま、いじけたように横目でぼくをうかがっていた。

「あの犬だ。おまえの花をやったのは」

お坊《ぼう》さんから言われる前にわかった。

やせて、はげて、うしろ足が一本動かない、ちっぽけな犬。こいつがぼくの2号を食べたのか。

そのシーンは二回、夢《ゆめ》に見たことがあった。はっきりと覚えている。出てきたのは、二回ともおなかの大きな母犬だ。もっと堂々として、強そうな感じだった。

それが、②実物は全然ちがった。

「追いはらうか？」

お坊さんが声をかけてくれた。かなり緊張《きんちょう》した声だ。

また食べられてしまうかもしれない。いかにも腹《はら》をすかせた、栄養失調みたいな犬だったから。

でも、そのとき、憎《にく》しみは感じなかった。追いはらおうという気も起きなかった。

おまえも、また、かわいそうなやつなんだ。

ただそう思った。ふわっと涙《なみだ》がわいた。横目でぼくを盗《ぬす》み見る目つきが、これまでどんな生活をおくってきたか、よくあらわしていた。

③「おいで」と手を前にだした。

応用《おうよう》 ★★★

点

犬はぼくたちを警戒《けいかい》して、三メートルくらいはなれていた。

そのうち、ぼくの顔を見ながら、少しずつ近寄《ちかよ》ってきた。

どうしても食べたいなら、仕方がない。しあわせの花は、とても、とても大切だけど、それをどうしてもほしがるものがいるなら、あげてもいいと思った。じっちゃ先生も、きっと許《ゆる》してくれるだろう。

（本田有明《ほんだありあけ》『じっちゃ先生とふたつの花』ＰＨＰ研究所）

1 いつ、どこの場面ですか。［いつ］は合うものを一つ選んで○を付けましょう。［どこ］は文章から五字で書きぬきましょう。（各10点）

・［いつ］　ア（　）朝　イ（　）昼　ウ（　）夕方　エ（　）夜

・［どこ］　□□□□□

2 ①「三人」とは、だれのことですか。文章からさがして、書きぬきましょう。（各10点）

（　　）（　　）（　　）

3 ②――とありますが、実物の犬はどんな様子でしたか。全部選んで○を付けましょう。（完答15点）

ア（　）毛が汚れて、あちこちはげている。

イ（　）堂々としていて、強そうだ。

ウ（　）母犬で、おなかが大きい。

エ（　）ちっぽけで、うしろ足が一本動かない。

4 ③「『おいで』と手を前にだした」とき、「ぼく」は、犬に対してどんな気持ちでしたか。「生活」という言葉を使って書きましょう。（15点）

（　　）

5 表現力《ひょうげんりょく》

文章の最後で、「ぼく」は「しあわせの花」が犬に食べられることについて、どう思っていますか。「しあわせの花」に対する気持ちも明らかにして書きましょう。（20点）

（　　）

心《しん》情《じょう》

基本《きほん》 ★★★

点

◆次の文章を読んで答えましょう。

授業《じゅぎょう》が終わると、事務《じむ》の沢口《さわぐち》さんが教室に入ってきて、このあいだの模擬《もぎ》テストの結果を戻《もど》してくれた。

その結果を見たとき、①聡子《さとこ》は自分の目をうたがった。

深呼吸《しんこきゅう》してもう一度確《たし》かめた。

信じられなかった。偏差値《へんさち》がすごく下がっていた。

それもみごとに四教科全部に、泣き虫マークがついていた。

前回のテストにくらべて偏差値があがっていればにこにこマークがついている。聡子はこれまで、いつもにこにこマークだった。泣き虫マークなんて、初めてだった。

それから、塾《じゅく》からのコメント欄《らん》にはこう書かれてあった。

「新学期からは、もう一度、B《ビー》クラスからがんばりましょう」

聡子は、ショックで鼻《はな》がつーんとなった。ここが教室じゃなかったら、泣きだしてしまいそうだった。なにも考えられなくて、しばらく立ちあがれなかった。

登場人物の様子や行動、言葉、情景《じょうけい》びょう写《しゃ》に注目して、心情をとらえましょう。

1 ①「聡子は自分の目をうたがった」とありますが、それはなぜですか。「から。」につながるように、文章から十三字で書きぬきましょう。（25点）

□□□□□□□□□□□□□ から。

2 ②――からどんなことが分かりますか。一つ選んで、○を付けましょう。（25点）

ア（　）周りの人が、落ちこんでいる聡子をそっとしてくれていること。

イ（　）聡子が、塾では、周りの人に合わせることなく行動していること。

ウ（　）周りの人が、聡子の様子を気にとめていないこと。

②リサはいつものようにさっさと帰ってしまうし、霧島《きりしま》くんはいつもの仲間と、講師室《こうしつ》にむかっている。
聡子は最後《さいご》のひとりになって、掃除《そうじ》のおばさんが教室に入ってきたところでやっと、立ちあがった。

講師室のわきを通ると、霧島くんたちが、富永《とみなが》先生と安居《やすい》先生を囲《かこ》んで楽しそうにしている。

聡子はその様子を横目で眺《なが》めながら、塾《じゅく》を出た。

外はいつのまにか霧《きり》みたいな雨がふっていた。聡子は傘《かさ》を持っていなかったけど、走る元気がなくて、濡《ぬ》れながら、いつものミスタードーナツにむかった。

とぼとぼと歩きながら、こんな大事な時期に成績《せいせき》が下がるなんて、ほんとばかみたいだと思った。

ものすごくがんばって、A《エー》クラスに入ったのに……。

これじゃ、もともこもない。

聡子は思ってもみなかったクラス替《が》えに、まだまだあきらめないんだから、とは思えなかった。すっかり、力がぬけてしまった。

歩きながら、おもわず涙《なみだ》がこぼれた。

それはたったひとつぶだったけど、③頬《ほお》を伝って流れた涙を舌《した》をだしてなめると、ものすごくしょっぱかった。


（草野《くさの》たき『ハッピーノート』福音館書店《ふくいんかんしょてん》）

3 聡子の落ちこんでいる気持ちが表れている情景びょう写を一文でさがして、書きぬきましょう。（25点）

（　　　　　　　　）

登場人物の心情は、情景に重ねて表現《ひょうげん》されることがあるよ。「情景」とは、何かを感じさせるような光景や景色のことだよ。落ちこんだ気持ちに重なる情景をさがそう。

4 ③——のとき、聡子はどんな気持ちでしたか。合うものを一つ選んで、○を付けましょう。（25点）

ア（　）まだ時間はあるのだから、これからがんばろうと自分をはげます気持ち。

イ（　）Bクラスに下がることがショックで悲しく、やる気を失う気持ち。

ウ（　）もともと実力のない自分にはBクラスがふさわしいと、納得《なっとく》する気持ち。

③——の前の聡子の様子に注目しよう。

◆ 次の文章を読んで答えましょう。

〔颯太《そうた》は、吉平《きちへい》、晴美《はるみ》の三人のチームのキャプテンとなり、自転車のタイム・トライアルレースに出場した。〕

角崎《つのさき》の荒《あ》れ地《ち》が、すぐそこにせまってきていた。①颯太は、転校してから今日までのことを思い出していた。

吉平と晴美と三人で、いろんなことがあった。よわむしでおくびょう者なのに、ふたりは颯太をキャプテンにしてくれた。でも、ちっともキャプテンらしいことはできなかった。それでも吉平と晴美といると、ほんとうに楽しかった。もしキャプテンとしてできることがあるとすれば、ふたりに思い切り自由に走ってもらうことではないか。たとえ、それで勝てなかったとしても、そのほうがいい。悔《く》いは残らない。②颯太はとっさにそう思いついた。かすみさんも、ちゃりんこは走りながら作戦を立て、走りながら作戦をかえていくものだと言っていたじゃないか。

「きっぺい、ぼくたちのことは気にしないで、おもいきり速く走りぬけてくれ。ジャンプしてもいいし、とにかく最速だ」

（中略《ちゅうりゃく》）

練習 ★★★

1 ①――のとき、颯太はどんな気持ちでしたか。合うものを一つ選んで、○を付けましょう。（15点）

ア（　）何もキャプテンらしいことのできない自分を責《せ》める気持ち。

イ（　）吉平と晴美のために、キャプテンとしてできることをしたいと思う気持ち。

ウ（　）吉平と晴美にキャプテンをおしつけられて、はら立たしい気持ち。

①――の後の、颯太の心の中の言葉に注目して、気持ちを読み取ろう。

2 ②――とありますが、颯太はどんなことを思いついたのですか。□に合うように、十三字で書きぬきましょう。（20点）

吉平と晴美に□□□□□□□□□□□□□こと。

「作戦変更《へんこう》か」
「変更だ。そんなもの、トイレにポイッだ。いいよね、晴美くん」
「キャプテンの言うことなら、すべて了解《ラジャー》だ」
「じゃあ、行くよ。ゴー！」
颯太が言うと、最後尾《さいこうび》にいた③吉平がまっさきに飛び出してきた。ぎりぎりまで引いた弓がいっきに矢を放ったみたいだった。ホッホーと奇声《きせい》を発しながら、吉平は角崎への悪路につっこんでいった。荒れ地の道は幅《はば》にすると三メートルほどだ。でこぼこや障害物《しょうがいぶつ》をいっしゅんで判断《はんだん》し、飛んだりはねたりしながら、悪路を走っていく。さすがは吉平だ。こんなにすごいとは思わなかった。まるでダンスだ。

晴美は慎重《しんちょう》だった。しっかりと前方の道を見すえ、車体をこきざみに動かして、たくみに障害物をさけていく。走りは力強いままだ。

颯太は一周目で、吉平が通ったラインを覚えていた。そのラインの上を、全速力で走るつもりだった。川舟《かわぶね》の残がいやわれたビンなども、しっかり頭に入っている。もしも失敗してパンクしたら、それで終わりだ。しかたがないことだ。後悔《こうかい》はしない。そう決心したから、もうなにもこわくない。

そうして三人は、④まったく好き勝手に走った。

（横山充男《よこやまみつお》『自転車少年《チャリンコボーイ》』くもん出版《しゅっぱん》）

3 ③「吉平がまっさきに飛び出してきた」とありますが、吉平の走りを、たとえを使って表現《ひょうげん》している文を二つさがして、書きぬきましょう。（各15点）

（　　　　）

（　　　　）

4 颯太は、自分は角崎をどのように走ろうと考えていますか。（20点）

（　　　　）

5 ④「まったく好き勝手に走った」とき、颯太はどんな気持ちでしたか。一つ選んで、○を付けましょう。（15点）

ア（　）好きに走って勝てなくても、後悔はしないと覚《かく》ごする気持ち。

イ（　）好きに走って失敗したらどうしようと不安に思う気持ち。

ウ（　）好きに走っても自分たちは必ず勝てると信じる気持ち。

◆次の文章を読んで答えましょう。

「私《わたし》(雁子《かりこ》)」の祖父《そふ》がたおれて入院し、おばと弟の雪助《ゆきすけ》と、病院に向かおうとしたとき、病院にいる母から電話があった。


「今から、来るでしょ?」

「うん」

「椿《つばき》の花、持ってきてくれない?」

それは①予想外の頼《たの》み事《ごと》だった。

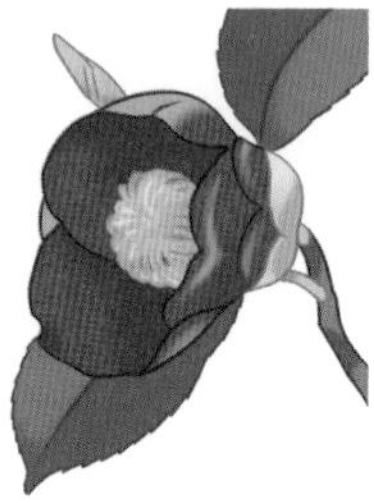

「えっ?」と聞き返すと、お母さんが続けた。
「ひとつでいいから、切ってきてよ。そしたらおじいちゃん、目、覚ますかもしれないでしょ?」
声色《こわいろ》は普通《ふつう》だけれど、言っている内容《ないよう》に少し不安をおぼえる。おばさんは「余裕《よゆう》で生きてた」と言っていたのに、お母さんの口ぶりといったら、まるで、目を覚まさない白雪姫《しらゆきひめ》を試《ため》すみたいじゃないか。
「椿って、首から落ちるからお見舞《みま》いには向かないとか言わない?」
②あまりに動揺《どうよう》して、③普段《ふだん》は考えもしないことを口走ると、「平成生まれがそんなこと言わないの」の一言

1 ①「予想外の頼み事」とは、どんなことですか。(20点)

おじいちゃんの病院へ来るとき、

(　　　　)

ということ。

2 ②「あまりに動揺して」とありますが、「私」はなぜ動揺したのですか。文章から七字で書きぬきましょう。(15点)

お母さんの口ぶりから、おじいちゃんがもう □□□□□□□ のではないかと思ったから。

3 ③「そんなこと」とは、どんなことですか。(15点)

(　　　　)

で片付《かたづ》けられた。

「それに、おじいちゃんの好きな花じゃなきゃ意味ないでしょう」

そう言うとお母さんは、植木鋏《うえきばさみ》の置いてある棚《たな》を説明し出した。もう、黙《だま》って聞くしかない。
④お母さんの用件《ようけん》はそれだけだった。電話を切って、おばさんと雪助に事情《じじょう》を説明し、言われた棚から鋏を探《さが》し出《だ》すと、私はひとりで庭に出た。
空気がきんと冷えて、耳を冷たくした。頭上に広がる灰色《はいいろ》の雲はじっとりと重く、陽《ひ》を通さない。今すぐにでも、雪の粒《つぶ》が落ちてきそうだった。

私は、逃《に》げ出《だ》したくなる気持ちを押《お》さえて、強く鋏をにぎった。鋏も、空気と同じように冷たくなって、手にひりひりとしみる。

今日は風がなく、椿がしんと咲《さ》いていた。塀《へい》一面を覆《おお》うほど茂《しげ》った椿、花は無数にあるけれど、そのどれもが無言だ。

私は、ひときわ色が鮮《あざ》やかで、なおかつそう簡単《かんたん》に花の落ちそうにない、開きかけのものを選んで切った。そうしてそれを、ろうそくの火を守るように、一方の手のひらで守りながら歩いていった。

（豊島《としま》ミホ「椿の葉に雪の積《つ》もる音がする」・『花が咲く頃《ころ》いた君と』双葉社《ふたばしゃ》）

4 ④「お母さんの用件はそれだけだった。」とありますが、お母さんの用件を聞いた私の重苦しい気持ちを表している情景《じょうけい》びょう写《しゃ》を、一続きの二文でさがし、最初と最後の四字を書きましょう。（完答20点）

□□□□～□□□□

5 [点線部]のとき、「私」は、どんな気持ちでしたか。あてはまる言葉を考えて書きましょう。（各15点）

椿の花を守ることは、その花が好きなおじいちゃんの（　　　）を守ることのように感じ、花をとどけて、（　　　　　）と強く願う気持ち。

「私」は、花が落ちることとおじいちゃんが死んでしまうことを重ねているんだね。花が落ちないように守っている行動から、「私」のおじいちゃんへの願いを読み取ろう。

◆次の文章を読んで答えましょう。

「さっさとせんか。ぼやぼやすんな。」

　けれどいい返すことはできなかった。釣《つ》りに関しては、どう見ても、ふたりに勝てそうもなかったし、結局ぼくは、いわれるがままに①仕掛《しか》けを海底に投げ入れた。

　なんだよ。こんなことしたって、どうせ釣れるもんか。朝からずっと、ここで釣ってたんだから……。

　そういおうとしたとき、手にしていた釣り竿《ざお》の先端《せんたん》がいきなり大きく動いた。

「え？」

　竿先がしなり、手元にかかった重みで、あやうく竿を取り落としそうになった。

「さっさと巻《ま》き上《あ》げんか！」

　英治《えいじ》の声がとんだ。

　ぼくはあわててリールを回しはじめた。

　それにしても、さっき海に投げ入れたばかりだというのに、②こんなことってあるんだろうか？

　やがて海中から、茶褐色《ちゃかっしょく》の魚が勢《いきお》いよく姿《すがた》を見せた。十五センチくらいの大きさで、背中《せなか》には長い背びれがついている。それははじめて見る魚だった。

「ぼやぼやすんな。もう一回今の場所ば狙《ねら》え。アイナメは、つがいでおるときが多かとやけんな。」

　アイナメ？

　つまりそれがこの魚の名前なんだろう。アジとかタイとかなら知っているけど、その名前は聞いたことがなかった。

　ぼくは、あばれるアイナメを苦労して釣り針《ばり》から外した。そして、釣り針の先に新しいエサをつけ、また海中に投げ入れた。

　そのあたふたする様子がよほどおもしろかったのか、

「へへっ。なんか知希《ともき》、おまえ、魚ばさわるとがこわかとか？」

　正人《まさと》がからかうようにいった。

　そんなことはない。魚くらいぼくにだってさわれる。

　そういおうとしたけど、すぐに③それどころではなくなった。投げ入れて、まだ十秒もたっていないというのに、もう竿先がしなり、手元には左右に動く魚の手応《てごた》えが伝わってきた。

　ぼくはまた一生懸命《いっしょうけんめい》にリールを巻き上げはじめた。
　④英治のいったとおりだった。次に姿をあらわしたのも茶褐色のアイナメで、しかもさっきよりひと回りくらい

大きかった。

　立て続けに魚を釣り上げるなんて、ぼくにとってははじめてのことだった。

「⑤すごい、すごい！」

　気がつけばぼくは、ひとり興奮《こうふん》し、大きな声をあげていた。英治は、はしゃぐぼくを見て、あきれた表情《ひょうじょう》を浮《う》かべている。

「こんくらいの魚が、そんなうれしかとか？」

「だって、今まで釣ったのは小魚くらいだったからさ……。」

　ぼくはそう素直《すなお》に答えた。


（福田《ふくだ》隆浩《たかひろ》『幽霊魚《ゆうれいぎょ》』講談社《こうだんしゃ》）

1 ①「仕掛けを海底に投げ入れた」とき、「ぼく」はどんな気持ちでしたか。（20点）

（　　　　　　　　　　　　）

2 ②「こんなこと」とは、どんなことですか。合うものを一つ選んで、○を付けましょう。（15点）

ア（　）今まで見たこともない魚が釣れたこと。

イ（　）仕掛けを投げ入れてすぐに魚がかかったこと。

ウ（　）魚の重みで竿を取り落としそうになったこと。

3 ③「それどころではなくなった」のはなぜですか。その理由がわかる文を一つさがして、最初の五字を書きましょう。（20点）

4 ④「英治のいったとおりだった。」とありますが、どういう意味ですか。（15点）

ア（　）アイナメはつがいでいることが多いということ。

イ（　）「ぼく」は魚をさわるのがこわいということ。

ウ（　）アイナメは同じ場所にたくさんいるということ。

5 表現力《ひょうげんりょく》

⑤「すごい、すごい！」と言ったとき、「ぼく」はどんな気持ちでしたか。その気持ちになった理由もわかるように書きましょう。（30点）

（　　　　　　　　　　　　）

⑤——のあとの、「ぼく」の様子や言葉に注目して考えよう。

事実と意見

◆次の文章を読んで答えましょう。

[1]モンシロチョウは元来、中国大陸の平野部にいたチョウで、それが海を渡《わた》って日本にもやってきたのだろうと考えられている。

[2]彼《かれ》らは日がよく照る開けた場所が好きであり、①体もそのようにできている。たとえば強い日射《ひざ》しに照らされても体はそれほど熱くならないが、林の中や曇《くも》りの日は体が冷えてしまうので苦手である。

[3]一方、スジグロシロチョウのほうは、昔から日本に住みついていた。中国大陸の平原とちがって森や林ばかりの日本で生まれたこのチョウは、林の木もれ日の環境《かんきょう》を好み、そういう場所の弱い日ざしを受けて体温を保ちながら生きていけるようにできている。けれど、太陽にがんがん照らされると、体は過熱《かねつ》して熱麻痺《ねつまひ》に陥《おちい》り、飛べなくなってしまう。このことは実験的にも確《たし》かめてみることができた。

[4] A モンシロチョウは B のチョウであり、スジグロシロチョウは C のチョウなのである。

文末表現《ひょうげん》などに注目して事実と意見を区別し、どのようなことをもとにどのような意見が述《の》べられているかをとらえましょう。

基本《きほん》 ★

1 この文章は、事実を説明する前半と、筆者が意見を述べる後半に分けることができます。後半はどの段落《だんらく》から始まりますか。（15点）

（　　）

「～ではないか」と、筆者が自分の考えを述べている段落をさがそう。

2 ① 「体もそのようにできている」とはどういうことですか。（20点）

モンシロチョウの体は □□□□ に合うようにできているということ。

点

5 あのころの日本経済《けいざい》の繁栄《はんえい》によって東京に高層建築《こうそうけんちく》が増《ふ》えはじめると、東京という都市の中心部は、高い建物の陰《かげ》が増え、日かげの多い林の中と同じ状況《じょうきょう》になったのではないか。

6 そうなると、日なたの好きなモンシロチョウは住みにくくなる。明るい公園やお堀端《ほりばた》ぐらいがよく日の当たる場所となり、それ以外は日かげの多い林と同じ、生活にも繁殖《はんしょく》にも幼虫《ようちゅう》の発育にも具合の悪いところになってしまう。

7 けれど、片《かた》や日かげの好きなスジグロシロチョウにとってみれば、高層建築が増えたことはもっけの幸い*であった。昔の平たい東京とはちがって、あちこちに日かげができ、ちょうど林の中にいるようなものだ。

8 そればかりではない。日なたより日かげを好むムラサキハナナ(オオアラセイトウ)というアブラナ科の植物も、その紫色《むらさきいろ》の花が人間に好まれて、あちこちにたくさん植えられるようになった。野草ではなく栽培《さいばい》植物だから葉も大きく、幼虫の食物としてもうってつけであった。

9 これらのことが原因《げんいん》になって、②東京ではスジグロシロチョウが増えはじめ、日なたを好むモンシロチョウは減ってしまったのではないか。ぼくはそう考えたのである。

（日高敏隆《ひだかとしたか》『生き物たちに魅《み》せられて』青土社）

＊ もっけの幸い…思いがけない幸運。

3 [A]に入る言葉は何ですか。合うものを一つ選んで、記号を答えましょう。(10点)

ア しかし　イ たとえば　ウ つまり　（　　）

4 [B]・[C]に入る言葉をそれぞれ[2]の段落から書きぬきましょう。(各15点)

B □□□□□

C □□□

5 ②――の原因として合わないものを一つ選んで、○を付けましょう。(25点)

ア（　）ムラサキハナナがたくさん植えられ、スジグロシロチョウの幼虫の食物が増えたこと。

イ（　）東京に高い建物が増えたことで陰ができ、林の中と同じ状況になったこと。

ウ（　）モンシロチョウが住んでいた場所を、スジグロシロチョウがうばったこと。

スジグロシロチョウが増え、モンシロチョウが減った理由は、二つ挙げられているよ。

事実と意見

◆次の文章を読んで答えましょう。

「一九九〇年代半ば以降《いこう》、新聞や雑誌《ざっし》などの販売《はんばい》数が激《げき》減《げん》した。」

ニュースを伝える、ということについて見れば、場所と時間を選ばぬネットの速報性《そくほうせい》、動画や音声などの*1ライブ性、文字量やスペースの無限性《むげんせい》に圧倒《あっとう》的に分があり、*2アーカイブや検索《けんさく》などの利便性にも長《た》けているので、*3活字媒体《ばいたい》が勝負にならないのは明らかだ。

[A]、必ずしもニュースや情報《じょうほう》を得《え》ることだけが目的ではない読書体験の未来はいったいどうなるのだろう。この決定的解答《かいとう》はまだ出ていない。

スマートフォンやタブレット、キンドルといった端末《たんまつ》で、電子書籍《しょせき》が読めるようにはなっているが、これが紙の本にかわるべき読書の未来形か、というとまだしっくりこない。何が足りないのだろう。

この点に関して先日、*4内田樹《うちだたつる》さんと話した。[B]紙の本にあって、電子書籍にないものが何であるかに

1 この文章は何について書かれたものですか。（20点）

（　　　　　　）

2 [A]・[B]に入る言葉は何ですか。合うものを一つずつ選んで、記号を答えましょう。（各10点）

ア なぜなら　イ でも　ウ たとえば
エ そして　オ あるいは

A（　　）　B（　　）

3 「この点」とはどんなことですか。（各5点）

□□□□が□□□に
かわるべき□□□□□□と
してしっくりこないのは、□□□□
□□のかということ。

点

ついて意見の一致《いっち》を見た。それは紙の本には「つか」がある、という*5厳然《げんぜん》たる事実だ。「つか」、つまり本の厚《あつ》み。私たちは一冊《いっさつ》の本を読むとき、自分がその本のどのあたりを読んでいるか常《つね》に意識《いしき》できる。それは本に厚みがあるからだ。持ち重りがするからだ。前半、中盤《ちゅうばん》、後半。自分がどのあたりにいるかによって読み方が全然違《ちが》ってくる。ミステリーなら最初の方に現《あらわ》れたどの人物があやしいか疑《うたが》いながら読み進める。後半になって初めて登場したちょい役が犯人《はんにん》だなんてそんなことはありえない。*6伏線《ふくせん》だって前半にこそ張《は》られ、後半に回収《かいしゅう》されていく。その逆《ぎゃく》はない。

　これはひとえに本には「つか」があり、ストーリーの位置情報が、開いた本の左右のページの分量差で*7把《は》握《あく》できるからだ。電車の中でも本の最初の方を読んでいる人と、最後の方を読んでいる人では眼《め》の色が違っている。

（福岡伸一《ふくおかしんいち》『ツチハンミョウのギャンブル』文春文庫）

*1　ライブ性…生々しい様子。
*2　アーカイブ…記録や資料《しりょう》。
*3　活字媒体…新聞・雑誌など。
*4　内田樹…文学者。
*5　厳然たる…動かしがたい。
*6　伏線…物語展開《てんかい》をほのめかすもの。
*7　把握…理解すること。

4　「ネット」と「活字媒体」についての説明に合うものを一つ選んで、○を付けましょう。（20点）

ア（　）どちらも同じくらいの便利さで、ニュースや情報を得ることができる。

イ（　）ニュースや情報を得るには、活字媒体よりもネットの方が便利である。

ウ（　）得られるニュースや情報の正確性は、ネットよりも活字媒体の方がすぐれている。

5　この文章で述《の》べられている筆者の意見を二つ選んで、○を付けましょう。（各10点）

ア（　）スマートフォン、タブレット、キンドルなど電子書籍で本が読めるようになった。

イ（　）電子書籍にはない紙の本の特徴は、厚みがあることだ。

ウ（　）本はどのあたりを読むかで読み方がちがう。

第四段落以降《だんらくいこう》で、「紙の本」と「電子書籍」のちがいについての筆者の意見が述べられているよ。

◆ 次の文章を読んで答えましょう。

1 今日は何となく湿度《しつど》が多すぎて気分がふさぐとか、今日は雨降《ふ》りだから、何となく学校に行きたくないといったように、気分は毎日変化します。でも①「こころ」をそんなふうに〝天気〟にしてしまってはいけません。

2 本来「こころ」の基本《きほん》は〝地層《ちそう》〟のようにものすごく長く時間をかけて堆積《たいせき》した安定したものです。②みなさんも「こころ」を〝天気〟ではなく、〝地層〟としてとらえるようにしてください。

3 私《わたし》は先日、大学で学生たちに「自分が今まで出会った人の中で、今の自分があるのはこの人のおかげだ、という人たちを思い出して、その人たちとのエピソードを書いてください」という宿題を出しました。

4 [A] 学生たちから「③この宿題をやったおかげで元気になりました」という声がたくさんあがったのです。それはなぜかというと、自分が他の人とつながっていて、その人たちとの出会いで今の自分ができているという歴史《れきし》を感じるからだと思います。

5 私の例でいうと、小学校一年生のときは狩野《かの》先生というピシッとした女の先生で、二、三年はやさしいお母さんのような杉山《すぎやま》先生、四年生は書道の達人でいっしょにサッカーをしてくれた男性の杉山先生、五、六年は熱心で卒業式で泣いて送り出してくれた今村《いまむら》先生というように、六年間の情景《じょうけい》がクリアに思い出されます。

6 あのときほめられてうれしかった、といった経験《けいけん》がいくつも重なって今の自分につながっているはずです。それがわかれば、今の自分の「こころ」も地層のようにきちんと安定した基礎《きそ》の上に成り立っていると確信《かくしん》できます。

7 みなさんも自分の地層図を書いてみましょう。

8 [B] 地層の一番下は幼稚園《ようちえん》時代で、近所のお兄さんにかわいがってもらったとか、このとき好きだったのはトミカのミニカーだった、というように楽しかった思い出を書いていきます。

9 かりに暗い時代があっても、④そういう時代はそれなりに、「そういえば予備校《よびこう》にいい先生がいてほめてもらったっけ」などということが思い出せます。一年に一人、自分の歴史に残るひと言を言ってくれた人や、影響《えいきょう》を受けた人をあげられれば十分な気がします。
（齋藤孝《さいとうたかし》『からだ上手　こころ上手』ちくまプリマー新書）

❶ この文章の中で事実として筆者の体験が書かれているのは、何段落《だんらく》から何段落ですか。（完答5点）

（　　）～（　　）

❷ ①「『こころ』をそんなふうに〝天気〟にしてしまってはいけません」とありますが、どういうことですか。（各5点）

「こころ」を、（　　　　）によって（　　　　）する（　　　　）と同じものとしてとらえてはいけないということ。

❸ ②「みなさんも『こころ』を〝天気〟ではなく、〝地層〟としてとらえるようにしてください」とありますが、筆者がそのように述《の》べるのはなぜですか。（10点）

（　　　　　　　　）

❹ A・B に入る言葉は何ですか。合うものを一つずつ選んで、記号を答えましょう。（各5点）

ア　しかし
イ　すると
ウ　だから
エ　さらに
オ　たとえば

A（　　）　B（　　）

❺ ③「この宿題をやったおかげで元気になりました」について、次の問いに答えましょう。

(1)「この宿題」とは、どのような宿題ですか。文章からさがして、最初と最後の五字を書きましょう。（完答5点）

□□□□□～□□□□□

(2) 学生たちが「この宿題をやったおかげで元気に」なれたのはなぜだと、筆者は考えていますか。（各5点）

⬅次のページに続きます。

自分が他の人と（　　　　　　　　）おり、

その人たちとの（　　　　　　　　）で

（　　　　　　　　）ができているという

（　　　　　　　　）を感じるから。

(3)「この宿題」について、筆者が自分の例として挙げているのは、どのようなことですか。その説明として合うものを一つ選んで、○を付けましょう。（10点）

ア（　）今までに自分と関わってくれた人たちとの、うれしかった思い出。

イ（　）今までに自分が経験《けいけん》してきた、つらかったが自分を成長させてくれた思い出。

ウ（　）今までに自分が出会った人たちの特徴《とくちょう》や、その人たちとの悲しい思い出。

6 ④「そういう時代」とは、どのような時代ですか。文章から書きぬきましょう。（5点）

（　　　　　　　　　　　　）

7 あなたが今まで出会った人の中で、今の自分があるのはこの人のおかげだ、という人はだれですか。その人とのエピソードを実際《じっさい》に書いてみましょう。（20点）

表現力《ひょうげんりょく》

（　　　　　　　　　　　　）

5の段落の筆者の例を参考に、うれしかったことなどを思い出して書いてみよう。

事実と意見

◆次の文章を読んで答えましょう。

「住めば都」という言葉があるが、畳《たたみ》の部屋に暮《く》らして①和室のイメージを大きく覆《くつがえ》された、という女子学生のレポートから紹介《しょうかい》してみたい。

東京は茗荷谷《みょうがだに》にある有名女子大に合格《ごうかく》した彼女《かのじょ》は、その年の春から姉と二人暮らしをはじめる。両親が用意してくれた新居《しんきょ》には和室と洋室の二部屋があって、洋室の方は角部屋。しかも出窓《でまど》がついている。

フローリングの上に自分用のベッドを置き、花や可愛《かわい》らしい小物で飾《かざ》る夢《ゆめ》をみていた彼女は、案の定、姉と洋室の争奪《そうだつ》戦をはじめる。［A］結果は予想通り年長者に力で押《お》し切《き》られ、妹はしぶしぶ畳の部屋で地味な東京暮らしをスタートさせることとなった。

入居《にゅうきょ》したての殺風景《さっぷうけい》な和室。畳の上に寝《ね》っ転《ころ》がって②*1鬱《ふさ》いだ気持ちを投げやっていると、真新しい*2藺草《いぐさ》の香りが鼻先に立ちのぼるのに気づく。頬《ほお》を押し当てると暖《あたた》かく、延々《えんえん》と続く畳の目数の向こうに故郷《ふるさと》の景色が見えるようで、③「畳も悪くないかも」と気を取り直した。

学生生活がはじまると、彼女は部屋に合わせて*3卓袱台《ちゃぶだい》を購入《こうにゅう》する。ベッドを置くと部屋が狭《せま》くなるから、布団《ふとん》の上げ下ろしは朝晩《あさばん》欠かさず、④勉強も食事も卓袱台で*4賄《まかな》うことに決めた。しばらくすると、実家にあった学習机《がくしゅうづくえ》よりも勉強がはかどることに気づく。日本には床《ゆか》に坐《すわ》って*5瞑想《めいそう》する習慣が、鎌倉《かまくら》時代の昔からあったことを授業《じゅぎょう》で知り、「床坐《ゆかざ》の方が頭が良くなるんだよ！」と姉に自慢《じまん》してやったらしい。［B］勉強に疲《つか》れたらすぐにその場で寝っ転がれる。この解放《かいほう》感がたまらないという。

⑤極《きわ》めつけは冬だ。春に買った卓袱台に後づけ式の電熱器を取りつけて炬燵《こたつ》に仕立てる。お盆《ぼん》の上に蜜柑《みかん》とお煎餅《せんべい》を並《なら》べて、日本の冬の暖かい風景ができると、「入っていい？」と⑥隣《となり》の住人が毎日訪《おとず》れるようになったという。

というような経験《けいけん》から、彼女はかつて和室に抱《いだ》いていたイメージを大きく覆されて、文献《ぶんけん》にはあまり書かれていない自分のなかにある日本文化を再発見《さいはっけん》したと

←次のページに続きます。

いう。

インテリアもファッションと同じく、[C]がとかく先行しがちだが、「身体が感じる心地《ここち》よさ」を選択《せんたく》肢《し》の中心にもってくると、さらにひと味、和室への愛着も深まってくるということのようだ。


（矢田部英正《やたべひでまさ》『日本人の坐《すわ》り方《かた》』集英社）

＊1 鬱いだ…気分が晴れない。
＊2 藺草…畳に使われている草。
＊3 卓袱台…食事などに用いる円形のテーブル。
＊4 賄う…用を足す。
＊5 瞑想…目を閉《と》じて意識《いしき》を集中させること。

1 ①「和室のイメージ」とはどのようなものですか。文章から二字で書きぬきましょう。（5点）

□□

2 [A]・[B]に入る言葉は何ですか。合うものを一つずつ選んで、記号を答えましょう。（各5点）

ア だから　イ なぜなら　ウ しかし
エ しかも　オ たとえば

A（　）　B（　）

3 ②「鬱いだ気持ち」とありますが、なぜそのような気持ちだったのですか。（各5点）

角部屋の□□に住み、□□□
□□□に□□□を置き、
□□□□□□□□
□で部屋を飾るという夢をみていたのに、和室
に住むことになってしまったから。

4 ③「『畳も悪くないかも』と気を取り直した」のはなぜですか。その理由として合うものを一つ選んで、〇を付けましょう。（10点）

ア（　）藺草の香りが気に入り、畳の目の模様《もよう》のおもしろさに気がついたから。

イ（　）藺草の香りをかぎ、畳の暖《あたた》かさを感じて、故郷《こきょう》の景色が見えるようだったから。

ウ（　）藺草の香りが、フローリングの香りよりもいいもののように感じられたから。

5 ④「勉強も食事も卓袱台で賄うことに決めた」女子学生が気づいたことは何ですか。（10点）

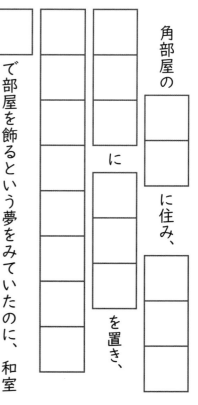

6 ⑤「極めつけは冬だ」とは、どういうことですか。その説明として合うものを一つ選んで、○を付けましょう。（10点）

ア（　）冬には卓袱台を炬燵につくりかえて、いよいよ快適《かいてき》な部屋になったということ。

イ（　）冬に卓袱台を使って勉強すると、ますます勉強がはかどったということ。

ウ（　）冬になって卓袱台を炬燵代わりに使うようになると、解放感《かいほうかん》が増《ま》したということ。

7 ⑥「隣の住人が毎日訪れるようになった」について、次の問いに答えましょう。

(1)「隣の住人」とは、だれのことですか。（5点）

（　　　　）

(2)「隣の住人」が「毎日訪れるようになった」のは、なぜですか。その理由として合うものを一つ選んで、○を付けましょう。（10点）

ア（　）女子学生が部屋に来てほしいと言ったから。

イ（　）蜜柑とお煎餅が食べたかったから。

ウ（　）いかにも暖かそうな部屋だったから。

8 C に入る言葉は何ですか。合うものを一つ選んで、○を付けましょう。（5点）

ア（　）見た目のイメージ

イ（　）格調《かくちょう》高さ

ウ（　）伝統的《でんとうてき》かどうか

9 表現力《ひょうげんりょく》

この文章で紹介《しょうかい》されている女子学生の経験《けいけん》から、筆者はどのようなことを考えましたか。（15点）

最後の二つの段落《だんらく》から、筆者が女子学生の経験から考えたことを読み取ろう。

段《だん》落《らく》の内《ない》容《よう》

基本《きほん》 ★★★

段落の冒頭《ぼうとう》の言葉に注目し、各段落に書かれている内容《ないよう》を読み取り、段落と段落の関係をつかみましょう。

点

◆次の文章を読んで答えましょう。

1 みなさんが勉強している教科書に書いてあることは、これまでにだれかが調べたり、発見したり、つくりだしたりしたものが積みかさねられた、先人たちの知恵《ちえ》のかたまりです。だから、まだだれも調べていないこと、知らないこと、わからないことは書かれていません。当然ですね。これらの、〝ない〟ことを明らかにしていくのが「①研究」です。

2 でもそれには、どこまでが「知られていること」で、どこからが「だれも知らないこと」なのかをきちんと知る必要がありますね。じつは、②それがけっこうたいへんなのです。

3 ぼくが大学の研究室で微生物《びせいぶつ》の研究をはじめた時、そういうことをきちんと理解《りかい》していませんでした。先生から、「こういうことをやったらいいんじゃない？」と教えてもらって実験をし、結果が出ると先生に報告《ほうこく》して……。みなさんもやったことがあるかもしれない、学校での実験や夏休みの自由研究と同じようなものでした。

4 その時は、先生が「だれも知らないこと」を知っていたので、それを教えてもらったぼくは研究ができたのです。

1 筆者が考える、①「研究」とは何ですか。（各10点）

まだだれも〔　　　　〕こと、知らないこと、〔　　　　〕ことを〔　　　　〕にしていくこと。

2 ②「それ」とは何ですか。（各10点）

「□□□□□□□こと」と「□□□□□□□こと」の境目《さかいめ》やはんいを知ること。

3 3の段落の内容に合うものを一つ選んで、○を付けましょう。（10点）

でも、ぼく自身は「だれも知らないこと」がなんなのかがわかっていませんでした。だから、ほんとうに研究ができたとはいえません。その後、いくつかの研究をしましたが、「だれも知らないこと」を見つけるのにとても苦労しました。なにか新しいことを見つけた、考えついたと思っても、すでにだれかがやっていたこともありました。どこまでが知られていることなのか、という勉強がたりなかったのです。

[5]もちろん、先にやっていた人がまちがえている可能性《かのうせい》もあります。だれかがすでにやったことを〝知っていて〟、もう一度試《ため》してみるというのは、研究の正しいやりかたです。

[6]では、〝知らないまま〟実験をして、あとからだれかがやっていたと知るのは、どうでしょう？　だれも知らないことを明らかにしたわけではないから、残念ですが、研究としてはなりたちません。

[7]いっぽうで、「だれも知らないこと」を見つけるために苦労して、身についたことがあります。自分で新しいやりかたを考え、道具をつくり、ほかの人には見えないことを見えるようにするくふうです。これなら、もし同じようなことをやった人がいても、その人には見えなかったことやわかっていないことを、自分が見つけることができるかもしれません。

（諸野祐樹《もろのゆうき》『生物がすむ果てはどこだ？　海底よりさらに下の地底世界を探《さぐ》る』くもん出版《しゅっぱん》）

ア（　）筆者がほんとうの研究の意味を知った体験。

イ（　）実際《じっさい》は研究になっていなかった筆者の体験。

ウ（　）夏休みの自由研究に夢中《むちゅう》になった筆者の体験。

4 [5]の段落の役割《やくわり》の説明として合うものを一つ選んで、○を付けましょう。（10点）

ア（　）[4]の段落の補足《ほそく》説明をして、[6]の段落の話題につなげる役割。

イ（　）[4]の段落の内容をまとめて、[6]の段落の筆者の意見につなげる役割。

ウ（　）[4]の段落の内容の具体例を挙げて、話題をわかりやすくする役割。

5 この文章で筆者が言いたいことは何ですか。（各15点）

知られていないことを見つけることには、

大変な□□をともなうが、

その中で□□□□□ことがある。

[7]の段落に注目しよう。筆者は「知られていないこと」を知ろうとする中で、どうなったかな。

段落《だんらく》の内容《ないよう》

◆次の文章を読んで答えましょう。

1日本人ならたいていは日本語でものを考えます。［　］、①日本語の辞書一冊《いっさつ》分の言葉がすべての日本人の心に均等《きんとう》に組みこまれているわけではありません。辞書を開いて言葉を知ることはあっても、言葉のすべてを辞書から学んだわけではないからです。

2ボクらに言葉を教えてくれたのはだれでしょうか？　親。先生。友達。テレビやラジオでしゃべっている人。インターネット。映画《えいが》。歌。詩や物語。参考書。

3モンシロチョウであれば、ほとんどの人は幼児《ようじ》の頃《ころ》、その蝶《ちょう》が飛んでいくのを見て指をさし、「ああ……」と声をあげたところで、親や親戚《しんせき》のおじさんなどが「あれはモンシロチョウというんだよ」と教えてくれたのだと思います。目の前をひらひら飛んでいく白い蝶。大きなアゲハチョウや黄色のモンキチョウとはあきらかに違《ちが》う生き物です。ここで、目でとらえたモンシロチョウと、差異《さい》を示《しめ》すために与《あた》えられたモンシロチョウという名詞《めいし》が合体し、ひとつの存在《そんざい》として認識《にんしき》されていくようになります。

4では、大人たちが蝶に対していっさいの興味《きょうみ》を持た

練習 ★★★

点

1 ［　］に入る言葉は何ですか。合うものを一つ選んで、記号を答えましょう。（10点）

ア　だから　イ　ただ　ウ　なぜなら
エ　つまり　オ　しかし

（　　）

2 ①——のように言えるのはなぜですか。（10点）

〔　　　　　〕を辞書から学んだわけではないから。

3 筆者の考える言葉の学び方に合うものを一つ選んで、○を付けましょう。（15点）

ア（　）目でとらえたものとそれを表す名詞とを合体させ、一つの存在として認識する。

イ（　）目でとらえたものとそれと似《に》ているものを組み合わせ、二つの名前をセットで覚える。

ウ（　）目でとらえたものに、知っている名詞の中から合いそうなものを結び付ける。

ず、幼児がモンシロチョウを指さしてもなにも言ってくれなかった場合はどうでしょう。

[5]おそらく、この子がモンシロチョウという蝶の名前を覚えるのはもうすこしあとになります。しかし、たいていは友達などが教えてくれて、目でとらえた差異とそれを示す名詞の合体という同じ反応《はんのう》が起きるのです。ただ、時にはこんな例も考えられます。それは②友達どうしの会話のなかで、モンシロチョウという名詞が先に出てきて、本人がその実体をつかめない場合です。素直《すなお》に、「モンシロチョウってなに?」と訊《き》ける人なら、次に蝶が飛んでいる時に友達が教えてくれるかもしれません。名詞が先に記憶《きおく》に残り、あとで差異を理解《りかい》するという経験《けいけん》です。

[6]では、他人に尋《たず》ねる勇気がこの子になく、「モンシロチョウってなんだろう? 今さら訊けないし」と③胸《むね》のなかに疑問《ぎもん》をしまいこんでしまった場合はどうでしょう? この子は家に帰ってから図鑑《ずかん》を広げたり、ネットで調べたりするかもしれません。そしてこの独自《どくじ》の経験を通じて想像《そうぞう》をふくらませ、ひょっとして春になるとひらひら飛んでいるあの小さな白い蝶のことなのかな、とイメージの上での差《さ》違《い》と名詞を結び付けるのです。

(ドリアン助川《すけがわ》『プチ革命《かくめい》 言葉の森を育てよう』岩波ジュニア新書)

4 ②——は、どのような経験ですか。(15点)

[　　　　　　　　　　]

5 ③——について、筆者はどう考えていますか。(各15点)

[　　　　　　]を通じて想像をふくらませ、[　　　　　　]での差違と名詞を結び付ける。

6 [3]~[6]の段落《だんらく》の内容《ないよう》の説明として合うものを一つ選んで、○を付けましょう。(20点)

ア( )言葉の学び方に関する筆者の考えを述《の》べている。

イ( )言葉の学び方の具体的な例を述べている。

ウ( )言葉が持つ特徴《とくちょう》について述べている。

第[3]~[6]段落では、「モンシロチョウ」という名詞をどうやって学ぶかが書かれているよ。

段落《だんらく》の内容《ないよう》

点

◆次の文章を読んで答えましょう。

1その昔、地球に誕生《たんじょう》した*1単細胞《たんさいぼう》生物には雌雄《しゆう》の区別はなく、①単純《たんじゅん》に細胞分裂《ぶんれつ》をして増《ふ》えるだけだった。実《じっ》際《さい》に、今でも、単細胞生物は、細胞分裂で増えていく。

2ただし、細胞分裂をして増えていくということは、元の個体《こたい》をコピーしていくことである。そのため、どんなに増えても元の個体と同じ性質《せいしつ》の個体が増えるだけである。

3しかし、すべての個体が同じ性質であるということは、もし環境《かんきょう》が変化して、生存《せいぞん》に適《てき》さない環境になると、全滅《ぜんめつ》してしまうことも起こりうる。

4［A］、もしさまざまな性質の個体が存在《そんざい》していれば、環境が変化しても、そのうちの、どれかは生き残ることができるかも知れない。

5［B］、②環境の変化を乗《の》り越《こ》えて同じ性質の個体が増えていくよりも、性質の異《こと》なる個体を増やしていった方が、生き残っていくには有利なのである。

6それでは、どのようにすれば自分とは異なる性質を持つ子孫を増やすことができるのだろうか。

7生命は*2遺伝子《いでんし》をコピーしながら増殖《ぞうしょく》していくが、正《せい》確《かく》にコピーをするわけではない。

8生命は、あえてエラーを起こしながら、変化を試みているのである。しかし、エラーによって起こる変化はとても小さいし、エラーによって起こった変化が、よりよくなる変化である可能性《かのうせい》は大きくない。

9環境の変化が大きければ、生物もまた大きく変化することが求められる。

10それでは、どのようにすれば、自分を大きく変えることができるだろうか。

11自分の持っている手持ちの遺伝子だけで子孫を作ろうとすれば、自分と同じか、自分と似《に》たような性質を持つ子孫しか作ることができない。

12そうだとすれば、もし、自分と異なる子孫を作ろうと思えば、他の個体から遺伝子をもらうしかないのだ。つまり、自分の手持ちの遺伝子と他の個体が持つ遺伝子を交換《こうかん》すれば良いのである。

13［C］、単細胞生物のゾウリムシは、ふだんは細胞分裂をして増えていく。しかし、それでは、自分のコピーしか作れない。そこで、ゾウリムシは、二つの

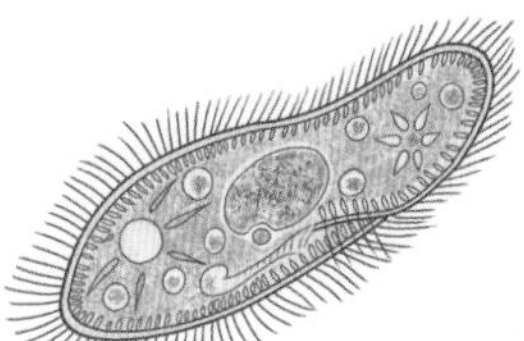

個体が出会うと、体をくっつけて、遺伝子を交換する。こうして、遺伝子を変化させるのである。

（稲垣栄洋《いながきひでひろ》『敗者の生命史《せいめいし》38億年』PHP研究所）

＊1　単細胞生物…一つの細胞からできている生物。
＊2　遺伝子…生物の性質《せいしつ》を伝える要素《ようそ》。

1　①――は、どういうことを意味していますか。文章から十四字で書きぬきましょう。（15点）

2　［A］～［C］に入る言葉は何ですか。合うものを一つずつ選んで、記号を答えましょう。（各10点）

ア　さらに　**イ**　一方　**ウ**　なぜなら
エ　そのため　**オ**　たとえば

A（　）　B（　）　C（　）

3　②――は、なぜですか。（15点）

（　　　　）

4　［6］～［13］の段落の内容に合うものを一つ選んで、○を付けましょう。（20点）

ア（　）生命が遺伝子をコピーする方法。
イ（　）生命が自分と異なる遺伝子を残す方法。
ウ（　）ゾウリムシが遺伝子を変化させる方法。

5　表現力《ひょうげんりょく》

生命は、生き残るために、どのように増えていくようになったのですか。「性質」という言葉を使って説明しましょう。（20点）

（　　　　）

生き残るためにはどのような「性質」が有利だったかを、文章から読み取ろう。

場面・心情《しんじょう》の変化

◆ 次の文章を読んで答えましょう。

〔運動会で五年二組は、担任《たんにん》の古賀《こが》先生の提案《ていあん》で、二《に》人三脚《にんさんきゃく》にかけることになった。〕

古賀先生は、二十五歳《さい》。体育が大好きでいつもジャージ姿《すがた》の男の先生だ。

「うちのクラスは、男子が十六人、女子が十二人。偶《ぐう》数《すう》だから、ちょうどいいな」

さっそくペア決めをすることになった。ぼくは、すぐにななめうしろをむいた。光太《こうた》の席だ。目が合って、にこっと笑いあった。①これで決定。ばんざいをしたいような気分がこみあげて、顔が少し熱くなった。

その日から、放課後は二人三脚の練習にあてられた。クラスのみんなは用事があるときをのぞいて、五十メートルを一日一度は走って帰ることになったのだ。

「ワンツ、ワンツ」

かけ声をかけながら、ひもでしばった足を交互《こうご》に出す。ぼくも光太も足は速い方ではないけれど、②ちょっと練習をしただけですぐに

時や場所、登場人物の変化に注目して、登場人物にどんな出来事があり、その結果どんな気持ちになったのかをとらえましょう。

1 ①「これで決定」とありますが、何が決定したのですか。（各15点）

「ぼく」と光太が［　　　　］で［　　］を組むこと。

2 ②「ちょっと練習をしただけですぐにスピードがついた」のはなぜですか。「友達同士」という言葉を使って書きましょう。（30点）

（　　　　　　　　　　）

スピードがついた。リズムが合ったのだ。なにしろ、ぼくらはいちばんの友達同士《どうし》だ。

ぼくらは放課後だけではなく、昼休みにも、欠かさず練習をした。そのかいあって、三日もすると、どこのペアにも負けないほどになった。

「ぼくら、強いよな」

「これならきっとスタートの組でいちばんとれるね」

身長順に並《なら》ぶと、クラスでいちばん前のぼくと、三番目の光太は第一走者ということになっていた。

「ぜってー、勝とうぜ」

「うん」

ぼくたちは、③グータッチをしてちかいあった。

なのに、そのつぎの日のことだ。光太から、

「転校することになった」

と、きかされたのは。

学校へ行く途中《とちゅう》だった。

「えっ？」

頭の中が白くなった。④意味がわかった瞬間《しゅんかん》、目の奥《おく》からなみだがせりあがってきて、道路がゆれた。それをぼくは必死でこらえた。光太が歯をくいしばっていたからだ。ひとりで泣いたら恥《は》ずかしい。ぼくの顔は真っ赤だったと思う。


（まはら三桃《みと》『なみだの穴《あな》』小峰書店《こみねしょてん》）

3 ③「グータッチをしてちかいあった」とき、「ぼく」はどんな気持ちでしたか。合うものを一つ選んで、○を付けましょう。（20点）

ア（　）勝てるかどうか不安な気持ち。

イ（　）絶対《ぜったい》に勝つとはりきる気持ち。

ウ（　）勝てるはずがないとあきらめる気持ち。

4 ④――のときの「ぼく」の心情の説明として合うものを一つ選んで、○を付けましょう。（20点）

ア（　）光太が転校すると知り、さみしいけれど、明るく送り出そうと決心している。

イ（　）光太に転校するときかされ、今までの練習がむだになるとはらを立てている。

ウ（　）光太が転校するときいてショックを受け、悲しみがこみ上げている。

④――の前から、どんな出来事があったかをとらえ、それによって、「ぼく」がどんな気持ちになったのかを考えよう。

場面・心情《しんじょう》の変化

◆次の文章を読んで答えましょう。

〔少年は、お年玉をためて、独楽屋《こまや》に独楽を買いにきた。〕

今まで持っていた、近所の万屋《よろずや》で売っている赤と緑色に塗《ぬ》り分けられて心棒《しんぼう》が紫色《むらさきいろ》のちゃちな奴《やつ》とは、てんで訳《わけ》が違《ちが》う。こいつなら、年上の皆《みな》が持っている喧嘩《けん》独楽に、簡単《かんたん》に弾《はじ》き飛《と》ばされたり、割《わ》られたりせずに、対等に勝負が出来そうだ。

①少年は胸《むね》を躍《おど》らせながら、段《だん》ボール箱《ばこ》の中から次々と独楽を手に取ってみる。

（中略《ちゅうりゃく》）

やっと一つ選ぶ。だがそれは、手持ちの金よりも少しだけ高い。円盤型《えんばんがた》や、一回り大きくて、しかも底の部分の傾斜《けいしゃ》がゆるやかな、安定度の高い独楽などは止《よ》して、結局ふつうの形をした喧嘩独楽で、大きさも手《て》頃《ごろ》なものを選んだ。一番種類が多いその型の独楽の中から、それでも、少しでも木肌《きはだ》がよいものを、と探《さが》した。

その独楽と大して変わらない独楽があり、それは少年の金で間に合う。だが、気に入らない節がある。少年は、②二つの独楽を、交互《こうご》に何度も手に持ってみる。

1 ①「少年は胸を躍らせながら」とありますが、少年が胸を躍らせたのはなぜですか。（15点）

売っている独楽は、年上の皆が持っている喧嘩独楽と、□□□□□□□□□だから。

2 ②「二つの独楽を、交互に何度も手に持ってみる」から、どんなことが分かりますか。（各15点）

手持ちの金よりも□□□□□□が、気に入った独楽と、持っている金で□□□□が、気に入らない節がある独楽で迷っていること。

3 ③「どういって切り出したらいいのかわからない」とありますが、少年はどんなことを切り出したいの

「あそこのお内儀《かみ》さんは、頼《たの》むとまけてけっからよ」

店の在《あ》りかを教えてくれた大沼《おおぬま》が、訳知り顔でいった言葉を少年は思い出す。けれども、③どういって切り出したらいいのかわからない。気に入ったほうの独楽を両手で持ったまま、少年は唇《くちびる》を舐《な》めながら、どぎまぎして立っている。

「坊《ぼう》や、なんぼ持ってきたの」

とお内儀さんが訊《き》く。

少年は、正直に、ポケットの中のお金を手のひらにのせて全部差し出す。

お内儀さんは、お金を勘定《かんじょう》すると、しばらくのあいだ思案顔になる。

「坊やちゃん、どっから来たのっしゃ?」

「若林《わかばやし》」

ぽつりと少年が答えると、

「そったら遠くがら、一人で自転車っこに乗って来たのが」お内儀さんは感心したような声を上げる。そして、「……んでは、④特別にまけてあげっかねえ」とほほ笑《え》みを浮《う》かべる。

「ヤッター!」少年は心の中で快哉《かいさい》を叫《さけ》ぶ。強《こわ》ばっていた表情《ひょうじょう》がいっぺんに弛《ゆる》む。おさえようとしても笑みがあふれだす。

(佐伯一麦《さえきかずみ》『あんちゃん、おやすみ』新潮文庫《しんちょうぶんこ》)

ですか。合うものを一つ選びましょう。(15点)

ア( )高価《こうか》な独楽を見せてほしいということ。

イ( )独楽のねだんをまけてほしいということ。

ウ( )独楽を二つとも買いたいということ。

4 お内儀さんは、④「特別にまけてあげっかねえ」とありますが、なぜまけようと思ったのでしょう。(20点)

[　　　　　　　　]

5 この文章の中で、少年の気持ちはどのように変化したでしょう。変化した気持ちの順になるように、合うものを後から選んで、記号を書きましょう。(完答20点)

( )→( )→とまどい→( )

ア 喜《よろこ》び　イ 期待　ウ いかり

エ 迷い　オ 悲しみ

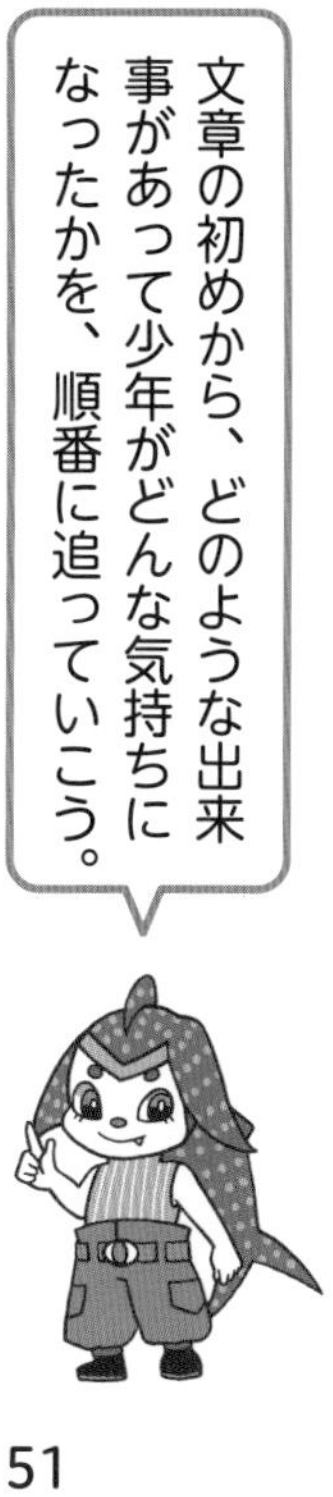
文章の初めから、どのような出来事があって少年がどんな気持ちになったかを、順番に追っていこう。

場面・心情《しんじょう》の変化

応用《おうよう》 ★★★

点

◆次の文章を読んで答えましょう。

〔中学にはいって二日目の朝に、わたしは前の席の川《かわ》田《だ》亜《あ》矢《や》に話しかけられた。〕

一時間目の終わりのチャイムが鳴った瞬間《しゅんかん》に、わたしは念じた。集中して、ものすごく強く。

——振《ふ》り向《む》くな！

と。

でもむだだった。川田亜矢はすぐに後ろを振り向いてこう言った。

「あたしたち、すごく友だちになれそうな気がする」

「あたしはぜんぜんそんな気がしない」

絶望《ぜつぼう》してわたしは答えた。

でも川田亜矢は、そのわたしの答えがちっとも気にならないみたいだった。

「①そう？　まあいいわ。休み時間だし、いっしょにトイレに行こう」

そう言って、わたしを誘《さそ》った。

（中略《ちゅうりゃく》）

小学校のトイレはきれいじゃなかった。きれいじゃないのに、それをごまかすみたいにピンクのペンキが塗《ぬ》ってあったものだから、よけいひどかった。そして、はいって三番目のトイレには花《はな》子《こ》さんが住んでいた。花子さんはもちろんうわさで、うわさというのはたいていうそで、花子さんなんてどこをさがしたっていないんだとわかっていたのに、わたしは三番目のトイレには絶対《ぜったい》はいらなかった。そこしかあいてなくても、友だちといっしょでも。

でも、この中学のトイレはものすごくきれい。だからこわくもなんともないんだけれど、一度ついてしまった習慣《しゅうかん》を変えるのって、あんがいやっかいなんだね。もうすこしして学校に慣《な》れれば、ひとりでトイレに行ってもいいと思う。

「ここのトイレはきれいで気持ちいい」

手を洗《あら》いながら、川田亜矢は言った。

「小学校のトイレ、きたなくてさあ。それなのに、下品なピンクに壁《かべ》を塗ってあるの。最悪だった」

②わたしは思わず顔をあげて、川田亜矢の顔を見た。ほんとうの顔のほうじゃなく、鏡に映《うつ》っているほうの顔を。

そして、その顔にむかって言った。

「おんなじ。ピンクだった、ピンク。それで、男子は青」

男子は青、のところは、川田亜矢も唱和した。

鏡のなかで、川田亜矢とわたしは笑いあった。笑っている亜矢の顔はかわいかった。

けっこう、いいやつなのかも。

わたしは③そう思い、それからもっと重要なことにも気づいた。それは。

わたしのなかで、川田亜矢から川田がとれてしまったこと。こんなやつとは友だちにならない、ついさっきそう決心した、こんなやつと、いま、友だちになろうとしていること。

（石井睦美《いしいむつみ》『卵《たまご》と小麦粉《こむぎこ》それからマドレーヌ』ＢＬ出版《しゅっぱん》）

1 いつの出来事について書かれていますか。（各15点）

□□□□が終わったあとの□□□□。

2 ①「そう？　まあいいわ」とありますが、川田亜矢は「わたし」に対して、どのように思っていますか。（15点）

（　　　）

3 ②「わたしは思わず顔をあげて、川田亜矢の顔を見た。」とありますが、それはなぜですか。合うものを一つ選んで、○を付けましょう。（15点）

ア（　）亜矢が小学校のトイレに対して、自分と同じように感じていると分かったから。

イ（　）亜矢と自分が同じ小学校に通っていたことに気づいたから。

ウ（　）亜矢が小学校のトイレを思い出させるようなことを言うので不ゆかいになったから。

4 ③「そう思い」とありますが、「わたし」は、どんなことを思いましたか。（20点）

（　　　）

5 表現力《ひょうげんりょく》

文章の最初と最後で、「わたし」の川田亜矢への気持ちはどう変わりましたか。「最初は～が、最後は～と思うようになった。」の形で書きましょう。（20点）

（　　　）

トイレでの出来事をきっかけにして、「わたし」の気持ちは変わったね。

全《ぜん》体《たい》像《ぞう》

基本《きほん》 ☆☆★

点

◆次の文章を読んで答えましょう。

〔　クラスで石の採集会《さいしゅうかい》について話しているとき、金石《かねいし》剛《ごう》は、いっしょに石探《さが》しをしたあずりから、意見を出すようすすめられる。〕

（えー、そんなこといっても、意見なんて一回もいったことないのに。あずりか一郎《いちろう》がいえばいいんだ……。）

　そう思ってうつむいたままいると、またノートの切れはしが前から飛んで来た。そこには、剛の気持ちがわかっているみたいに、こう書いてあった。

「桜石《さくらいし》があそこにあるのを見つけたのは剛なんだから、わたしよりも剛がいうほうがいいんだよ」

　くちびるをかんでその走り書きを見ているうちに、意見をいう人も少なくなってきた。先生が黒板に書く手を止めて、みんなを見回した。

「そろそろこの中から決めるか」

　先生がそういうと、蚊《か》のなくような声で「はい」という声がした。シンと静かになったときだったので、みんなの視線《しせん》が一点に集中した。

「金石、なにか意見があるのか？」

「あの……①かまぼこ山で、桜石を、探《さが》したらいいと……」

登場人物の言葉や様子、行動から分かる考え方や生き方に注目して、それを通して作者が最もえがきたかったことをとらえましょう。

1　①「かまぼこ山で、桜石を、探したらいいと……」とありますが、桜石を探すという意見をいうことを、剛は初めどう思っていましたか。合うものを一つ選んで、○を付けましょう。（20点）

ア（　）今まで意見をいったことがないので、いってみたい。

イ（　）今まで意見をいったことがないので、あずりか一郎にいってほしい。

ウ（　）いつも自分が意見をいっているので、あずりか一郎にいってもらいたい。

2　②「剛の言葉にみんな目を丸くしている」とありますが、みんなはなぜ目を丸くしたのですか。二つ書きましょう。（各15点）

（　　　　）

（　　　　）

思います、までいう前に、男子たちがガヤガヤとさわぎだした。かまぼこ山は地主である川端《かわばた》のじいさんがうるさいから、ぜったい探すのは無理だと、口々にいいはじめたのだ。

「静かに！　金石がまだしゃべっているとちゅうだぞ」

先生にいわれて、また教室は静かになった。

「川端のじいさんだったら、ちゃんとたのめば、山に入らせてくれるよ。桜石のこと、すごく気に入ってくれてたから、また掘《ほ》り出《だ》して持ってってあげたら、きっとよろこぶと思うし……」

②剛の言葉にみんな目を丸くしている。川端のじいさんがよろこんだ、ということにおどろいたのはもちろんのこと、剛がこんなに長くみんなの前でしゃべったことにもおどろいていた。

〔多数決の結果、かまぼこ山で桜石探しをすることになった。〕

「では、③桜石探しのリーダーは金石に任命《にんめい》する。みんな、リーダーを中心にきちんと話し合って、ちゃんと計画を立てて、安全に採集会をやりとげるんだぞ」

はーい、とみんなが大声で答える中で、剛は大きな声は出せないものの、もううつむいたりせずに笑顔《えがお》でうなずいていた。みんなの中心になるなんて気おくれするけれど、大好きなことだからきっとがんばれる。そう思って、採集会までせいいっぱいがんばろうと、そう心に決めたのだった。

（風野《かぜの》潮《うしお》『桜石探検隊《さくらいしたんけんたい》』角川学芸出版《かどかわがくげいしゅっぱん》）

（　　　　　）

3　③「桜石探しのリーダーは金石に任命する」とありますが、剛は、桜石探しのリーダーに任命されたことをどう思っていますか。（各10点）

みんなの中心になるのは□□□□するが、□□□なことだから、せいいっぱい□□□□□と思っている。

4　この文章で中心にえがかれているのはどんなことですか。合うものを一つ選んで、○を付けましょう。（20点）

ア（　）引っこみ思案だった剛が、自分の意見をはきはきいえるまでに成長するすがた。

イ（　）石が大好きな剛が、自分の好きなことを通してみんなと仲良くなるすがた。

ウ（　）これまで消極的だった剛が、みんなのリーダーになろうと決意するすがた。

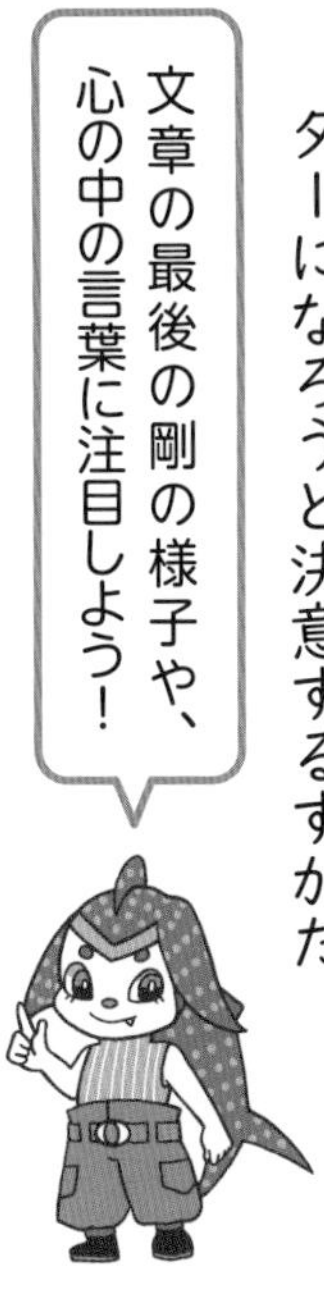
文章の最後の剛の様子や、心の中の言葉に注目しよう！

◆次の文章を読んで答えましょう。

「あのなあ、岳《がく》は大きくなったら何になりたいと思っているんだ?」

「ん?」と、岳は瞬間的《しゅんかんてき》に私《わたし》を見た。考えてみると私が彼《かれ》に①そんなことを聞くのは本当にそれがはじめてだったのだ。

「大きくなったらか?」

と岳はあまり気乗りのしない顔で言った。

「そうだ」

と、私は言った。

「うーん、そうだなあ」と、岳は言った。

それから小さな声で、

「そうだなあ、オトナになりたいなあ」

と、言った。

「真面目《まじめ》に聞いてるんだぞ」

と、私はすこし強い語調で言った。岳は気配を察し、そいつをはぐらかすようにニヤリと笑った。それから坊主頭《ぼうずあたま》をごしごしと片手《かたて》でこすりながら、

「そうだな、ぼくは魚釣《さかなつ》りが好きだからできれば魚を釣る仕事をしたいな」と言った。

1 ①「そんなことを聞くのは本当にそれがはじめてだったのだ」とありますが、「そんなこと」とはどんなことですか。(20点)

〔　　　　〕

2 ②「その返事」とは、どんな返事のことですか。(20点)

〔　　　　〕

3 ③「こいつはいい少年だな」とありますが、「私」が岳のことを「いい少年だ」と思ったのはなぜですか。合うものを一つ選んで、○を付けましょう。(20点)

ア(　) 岳がユーモアのある少年だと気づいたから。

イ(　) 岳が自分のしょう来をきちんと考えていたから。

点

「そうか、魚を釣る仕事かあ……」
私は②その返事が意味もなくおかしくなってしまって、岳と同じように笑いながら言った。
魚を釣る仕事、といったらまずは漁師《りょうし》ということになるが、そういうことは言わなかった。やつは今思っていることを素直《すなお》に言っているんだな、と思った。自分の息子《むすこ》だけれど、しかし③こいつはいい少年だな、と、私はそのときふいに思った。それからすこしビールの酔《よ》いが回ってきたのかな、と思った。

（中略《ちゅうりゃく》）

シベリアから帰ってくると一カ月して今度はアムチトカ島というアリューシャン列島のはずれの方にある無人島に行くことが決まっていた。それはアラスカから飛行機やヘリコプターを乗りついでいく未踏《みとう》ルートの旅で、ほとんど探検《たんけん》旅行だった。そこから帰るとまた夏の一カ月のシベリア横断《おうだん》があり、さらにそのあとはサハラ砂漠《さばく》横断の旅が予定されていた。これからは永《なが》い旅から帰ってくるたびに私はこの少年と一泊《いっぱく》二日ぐらいの釣りに出かけることにしよう、とそのときすこし充実《じゅうじつ》したような気持《きもち》になりながらそう思った。どうしてそんなことを考えてすこし充実したような気持になったのか私にはよくわからなかった。しかしそのたびにこの少年はどんどん変《かわ》っていくのだろうな、とも思った。

（椎名《しいな》誠《まこと》『岳物語《がくものがたり》』集英社）

ウ（　）岳が素直な少年に育っていると感じたから。

4 旅の予定を思い起こした「私」は、旅から帰ったときに、どのようなことをしようと考えましたか。前後に合うように、文章から十五字で書きぬきましょう。（20点）

永い旅から帰るたびに、岳と、□□□□□□□□□□□□□□□こと。

5 この文章で中心にえがかれているのはどんなことですか。合うものを一つ選んで、〇を付けましょう。（20点）

ア（　）息子の成長にあせりを感じている父のすがた。
イ（　）息子の成長を温かく見守ろうとする父のすがた。
ウ（　）息子の変化にさびしさを感じている父のすがた。

「私」と息子の岳とのやり取りから、「私」の思いや考えをとらえて、「私」のどのようなすがたがえがかれているかを考えよう。

◆次の文章を読んで答えましょう。

　きなりは、夏休みに、裏庭《うらにわ》にハクレンの木がある諏《す》訪《わ》のおじいちゃんの家に一人でやって来た。

「おじいちゃん、今年《ことし》もハクレンは見事にさいたん？　空をうめるみたいに」

「きなりは、①あれがすきだったのか？」

「来年の春、きっと見にくる」

「そうか。うむ。さぁて、湯かげんはどうかな」

　ここではふろの当番もなければ、食後の後かたづけの心配もいらない。そうじだって、強引《ごういん》にやらされることはない。

　きなりはテレビのある部屋でねころがって、おじいちゃんからの合図を待っていた。

　なにもしないでただ待っていればいいと思うと、②自然に笑いがこみあげてくる。

「おーい、いいぞうー」

　着替《きが》えをもって廊下《ろうか》を走っていった。裏庭に面した窓《まど》から、夕日にそまったアルプスがくっきりと見えた。

　ふろ場の戸を開けたとたん、ぷーんと木が香る。③入口でつけた明かりを、あわててけした。窓からのやわらかい光の中でなら、香りが散らないかもしれないと思ったのだ。

　肩《かた》まで湯につかった。

　ヒグラシがないている。ときおり、遠くを走る車の音がするだけだった。

　今日一日を朝から順番に思いおこした。たったのひとりでここまできた自分を、ちょっぴり誇《ほこ》らしく思った。

「もっとあつい方がいいかな？」

　おじいちゃんはまだ外にいた。

「ちょうどいいよ」

「そうか、ゆっくりおはいり。④いま燃《も》やしているのは、あのなあ、きなり。あのハクレンの木なんじゃ」

「ふーん、枝《えだ》をはらったん？」

「いんや。去年と今年の春、花をつけたあと、えらく冷えて、今年なんぞ、雪まで降《ふ》りよった。一晩《ひとばん》の間に全部花が落ちてしまったんだ。庭が真っ白うなった。二年も続いたもんだから、木がすっかり弱って、今年は花も葉もつけないまま枯《か》れだした。それでな……ゆっくりはいったらいい。ハクレンの寿命《じゅみょう》がきなりの中にしみこんでいくようにな」

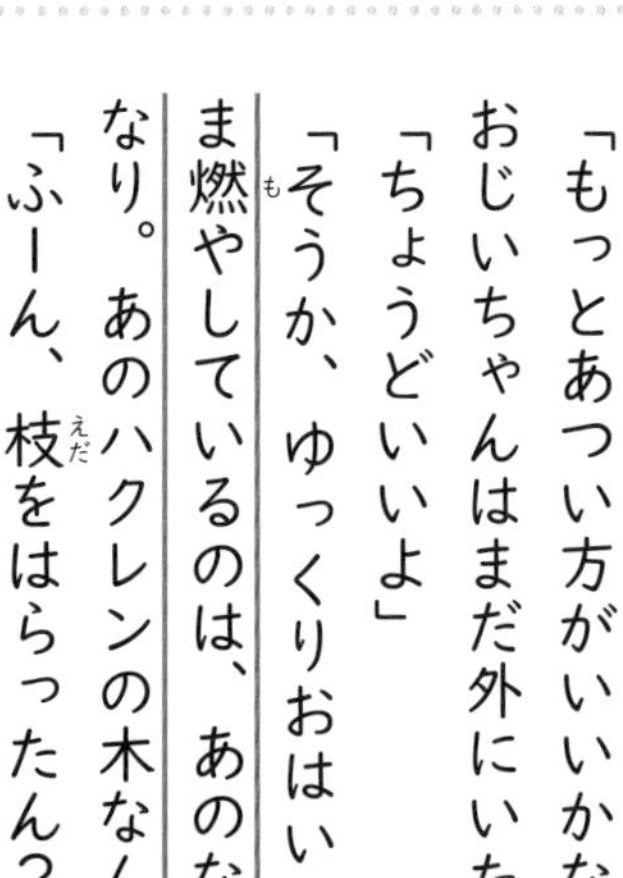

「おじいちゃん……」

　よびかけたけれど、あとにつづく言葉がみつからない。⑤気《き》まぐれにハクレンを思っていただけの自分に気づいた。きてから裏庭にもいかず、さっき、窓からのぞくこともしなかった。もっと木のことを気にかけていたら、西側の窓にアルプスが見えただけでおかしいと思っただろうに。夏、窓はハクレンの葉でふさがれているはずだった。

　もっともっと、きなりがハクレンを大切に思っていたら、春の寒さにも耐えてくれたのではないかと、考えたりもした。

（ハクレンさん、あたしを呼《よ》んだんやね？　ここにこいって。あたしにあんたの寿命を渡《わた》したかったん？）

　きなりは、ゆっくりとからだをしずめて、頭の先まで湯につかった。

（あんたのことを気づかせてくれたジョン*にも、ちゃんと渡すから。ぎゅっと抱《だ》きしめて、あんたの寿命が伝わるようにするから）

　火のはぜる音に、ハクレンの声を聞いたような気がした。


（中川《なかがわ》なをみ『四姉妹《よんしまい》』小峰書店《こみねしょてん》）

＊ジョン…きなりの家で飼《か》っている犬の名前。

1　①「あれ」とは何のことですか。文章から四字で書きぬきましょう。（10点）

2　②「自然に笑いがこみあげてくる」とありますが、なぜ笑いがこみあげてくるのですか。合うものを一つ選んで、○を付けましょう。（10点）

ア（　）おじいちゃんの家の広々したふろにはいるのが楽しみだから。

イ（　）大すきなおじいちゃんの手伝いをすることができるから。

ウ（　）おじいちゃんの家では、家のことをなにもしないでいいから。

3　③「入口でつけた明かりを、あわててけした」とありますが、きなりが明かりをけしたのはなんのためですか。（15点）

ふろ場の［　　　　］ため。

「ため」につながるように書こう。

←次のページに続きます。

4 ④「いま燃やしているのは、あのなあ、きなり。あのハクレンの木なんじゃ」とは、どのようなことを表していますか。合うものを一つ選んで、○を付けましょう。（10点）

ア（　）おじいちゃんがハクレンの枝をはらったこと。

イ（　）ハクレンの木が枯れてしまったこと。

ウ（　）おじいちゃんが新しいハクレンを植えたこと。

5 おじいちゃんは、ハクレンの木を燃やした湯にきなりがはいることで、どうなるとよいと思っていますか。「～とよい。」につながるように、文章から二十一字で書きぬきましょう。（15点）

□□□□□□□□□□□□□□□□□□□□□とよい。

6 ⑤「気まぐれにハクレンを思っていただけの自分に気づいた」とありますが、きなりはどのようなことから、自分が気まぐれにハクレンを思っていただけだと気づきましたか。合うものを二つ選んで、○を付けましょう。（各10点）

ア（　）おじいちゃんに、ハクレンの様子を聞かなかったこと。

イ（　）窓からハクレンの葉が見えないことに気づかなかったこと。

ウ（　）おじいちゃんがハクレンの木を燃やしていることに気づかなかったこと。

エ（　）おじいちゃんの家にきてから、ハクレンの木を見ようとしなかったこと。

7 この文章では、きなりのハクレンに対するどのような思いがえがかれているでしょう。「寿命」という言葉を使って書きましょう。（20点）

表現力《ひょうげんりょく》

きなりの心の中の言葉に注目！　きなりは、ハクレンが自分に「寿命」を渡したかったのではないかと考えているね。きなりは、その寿命をどうしようと思っているのかな。

◆次の文章を読んで答えましょう。

〔少年は、入院している母のお見舞《みま》いに、回数券《かいすうけん》を使ってバスで通っていた。〕

①夕暮《ゆうぐ》れが早くなった。病院に行く途中《とちゅう》で橋から眺《なが》める街は、炎《ほのお》が燃《も》えたつような色から、もっと暗い赤に変わった。帰りは夜になる。最初の頃《ころ》は帰りのバスを降《お》りるときに広がっていた星空が、いまはバスの中から眺められる。病院の前で帰りのバスを待つとき、いまはまだかろうじて西の空に夕陽《ゆうひ》が残っているが、あとしばらくすれば、それも見えなくなってしまうだろう。

②買い足した回数券の三冊目《さんさつめ》が――もうすぐ終わる。

少年は父に「迎《むか》えに来て」とねだるようになった。車で通勤《つうきん》している父に、会社帰りに病院に寄《よ》ってもらって一緒《いっしょ》に帰れば、回数券を使わずにすむ。

「今日は残業で遅《おそ》くなるんだけどな」と父が言っても、「いい、待ってるから」とねばった。母から看護師《かんごし》さんに頼《たの》んでもらって、面会時間の過《す》ぎたあとも病室で父を待つ日もあった。

それでも、行きのバスで回数券は一枚《いちまい》ずつ減《へ》っていく。③最後から二枚目の回数券を――今日、使った。あとは表紙を兼《か》ねた十一枚目の券だけだ。

明日からお小遣《こづか》いでバスに乗ることにした。毎月のお小遣いは千円だから、あとしばらくはだいじょうぶだろう。

ところが、迎えに来てくれるはずの父から、病院のナースステーションに電話が入った。

「今日はどうしても抜《ぬ》けられない仕事が入っちゃったから、一人でバスで帰って、って」

看護師さんから伝言を聞くと、④泣きだしそうになってしまった。今日は財布《さいふ》を持って来ていない。回数券を使わなければ、家に帰れない。

母の前では涙《なみだ》をこらえた。病院前のバス停《てい》のベンチに座《すわ》っているときも、必死に唇《くちびる》を噛《か》んで我慢《がまん》した。でも、バスに乗《の》り込《こ》み、最初は混《こ》み合《あ》っていた車内が少しずつ空《す》いてくると、急に悲しみが胸《むね》に込み上げてきた。

シートに座る。⑤窓《まど》から見えるきれいな真ん丸の月が、じわじわとにじみ、揺《ゆ》れはじめた。座ったままうずくまるような格好《かっこう》で泣いた。バスの重いエンジンの音に紛《まぎ》らせて、うめき声を漏《も》らしながら泣きじゃくった。

『本町《ほんちょう》一丁目』が近づいてきた。顔を上げると、車内

←次のページに続きます。

には他の客は誰《だれ》もいなかった。降車《こうしゃ》ボタンを押《お》して、手の甲《こう》で涙をぬぐいながら席を立ち、ウインドブレーカーのポケットから回数券の最後の一枚を取り出した。

バスが停《と》まる。運賃箱《うんちんばこ》の前まで来ると、運転手が河《こう》野《の》さんだと気づいた。それでまた、悲しみがつのった。こんなひとに最後の回数券を渡《わた》したくない。

整理券を運賃箱に先に入れ、回数券をつづけて入れようとしたとき、とうとう泣き声が出てしまった。

「どうした？」と河野さんが訊《き》いた。「なんで泣いてるの？」——ぶっきらぼうではない言い方をされたのは初めてだったから、逆《ぎゃく》に涙が止まらなくなってしまった。

「財布、落としちゃったのか？」

泣きながらかぶりを振《ふ》って、回数券を見せた。

じゃあ早く入れなさい——とは言われなかった。

河野さんは「どうした？」ともう一度訊いた。

その声にすうっと手を引かれるように、少年は嗚咽《おえつ》交《ま》じりに、回数券を使いたくないんだと伝えた。母のこともしゃべった。新しい回数券を買うと、そのぶん、母の退院《たいいん》の日が遠ざかってしまう。ごめんなさい、ごめんなさい、と手の甲で目元を覆《おお》った。警察《けいさつ》に捕《つか》まってもいいから、この回数券、ぼくにください、と言った。

（重松《しげまつ》 清《きよし》「バスに乗って」・『小学五年生』文藝春秋《ぶんげいしゅんじゅう》）

1 ①——とありますが、この部分からどのようなことが分かりますか。合うものを一つ選んで、○を付けましょう。（10点）

ア（　）少年の母が長い間入院していること。

イ（　）少年の母が遠くの病院に入院していること。

ウ（　）少年の母がもうすぐ退院すること。

2 ②「少年は父に『迎えに来て』とねだるようになった」とありますが、少年が、父に迎えに来てもらいたいのはなぜですか。（15点）

車で一緒に帰れば、□□□□□ □□□□□から。

3 ③「最後から二枚目の回数券を——今日、使った」とありますが、少年は、明日からどうするつもりですか。合うものを一つ選んで、○を付けましょう。（15点）

ア（　）最後の回数券を使ったら、お小遣いでバスに乗るつもり。

イ（　）最後の回数券は使わずに、お小遣いでバスに乗るつもり。

ウ（　）最後の回数券は使わずに、新しい回数券を買うつもり。

4 ④「泣きだしそうになってしまった」とありますが、少年が泣きだしそうになったのはなぜでしょう。（15点）

（　　　　　　　　　　）

5 ⑤「窓から見えるきれいな真ん丸の月が、じわじわとにじみ、揺れはじめた」とありますが、ここからどのようなことが分かりますか。合うものを一つ選んで、○を付けましょう。（10点）

ア（　）天気がくずれ、雨がふり出したこと。

イ（　）バスの揺れがはげしくなったこと。

ウ（　）少年の目に涙があふれてきたこと。

⑤――のあとの少年の様子も手がかりにして、月がにじんで見えるのはどんなときか考えよう。

6 少年は、なぜ、最後の回数券を使いたくないのですか。（15点）

新しい回数券を買うと、そのぶん、□□
□□□□□□□□
□□□□□ように感じたから。

7 この文章を通して、少年のどのようなすがたがえがかれているでしょう。「退院」「回数券」という言葉を使って書きましょう。（20点）

表《ひょう》現《げん》力《りょく》

（　　　　　　　　　　）

少年の様子や行動を通して少年の考えを読み取って、作者がえがこうとした少年のすがたをまとめよう。

文章の構成《こうせい》

◆ 次の文章を読んで答えましょう。

[1]クジラもイルカも海にすむ野生動物です。何が違《ちが》うのでしょうか?

[2]簡単《かんたん》に言えば「イルカはクジラの仲間です」となります。もう少し付け加えると、「ハクジラの仲間で体の小さい種類を、なんとなくイルカと呼《よ》んでいます」となります。

[3]いい加減《かげん》な答えに聞こえるかもしれませんが、じつはこの「なんとなく」の部分がとても大事で、そもそも「イルカ」とは生物学的な分類ではなく、もともといい加減な呼び方なのです。

[4]クジラに関して書かれた本を読むと、「体長が四メートルより小さいクジラをイルカと呼ぶ」と説明されているものがけっこうあります。

[5]でも、じつは①そんな決まりはありません。生物の種名を学術的《がくじゅつてき》に正しい日本語で呼ぶとき、「標準和名《ひょうじゅんわめい》」という名前を用います。たとえば(中略)日本のサルは「ニホンザル」という標準和名があります。「シロナガスクジラ」も「マッコウクジラ」も標準和名です。

文章全体の構成《こうせい》に注目しましょう。問いかけや具体例を使いながら、わかりやすく説明するための工夫《くふう》がされています。

1 この文章は、何について書かれていますか。(各10点)

□□□と□□□の□□ところについて。

2 ①「そんな決まり」とは、どのような決まりですか。(20点)

(　　　　　　　　)

3 [7]の段落《だんらく》について、表にまとめます。(　)に当てはまる言葉を、文章中から書きぬきましょう。(各10点)

点

6 しかし、八十六種類いるとされるクジラのうち、四メートルより小さい種にすべて「〇〇イルカ」という標準和名がついているわけではありませんし、それより大きな種にすべて「〇〇クジラ」という標準和名がついているわけでもありません。

7 「ゴンドウクジラ」という名前はよく耳にしますが、じつはこれは標準和名ではなく、体長が七メートルにもなる「コビレゴンドウ」や「オキゴンドウ」、体長が四メートルにもならない「ハナゴンドウ」や「カズハゴンドウ」などをふくむ、形のよく似《に》たクジラの総称《そうしょう》です。

8 また、北半球の冷たい海にすむ、ベルーガと呼ばれる白いクジラの標準和名は「シロイルカ」ですが、大人の体長は四メートルどころか五・五メートルになります。

9 このように、「クジラ」と「イルカ」の仕分けはあいまいなので、やはり「ハクジラの仲間で体の小さい種類を、なんとなくイルカと呼んでいる」がもっとも正しい表現《ひょうげん》なのです。

（石川《いしかわ》 創《はじめ》『クジラをめぐる冒険《ぼうけん》　ナゾだらけの生態《せいたい》から対立する捕鯨《ほげい》問題まで』旬報社《じゅんぽうしゃ》）

4 それぞれの段落の内容を整理しました。□に当てはまる段落番号を書きましょう。（完答30点）

	ゴンドウクジラ	
名前	・コビレゴンドウ ・オキゴンドウ	・ハナゴンドウ ・カズハゴンドウ
体長	①（　　）	②（　　）

1 ……読者への問いかけで話題を示す。

□〜□ ……問いかけに答える。

□〜□ ……具体的な例を挙げて説明する。

9 ……まとめ。

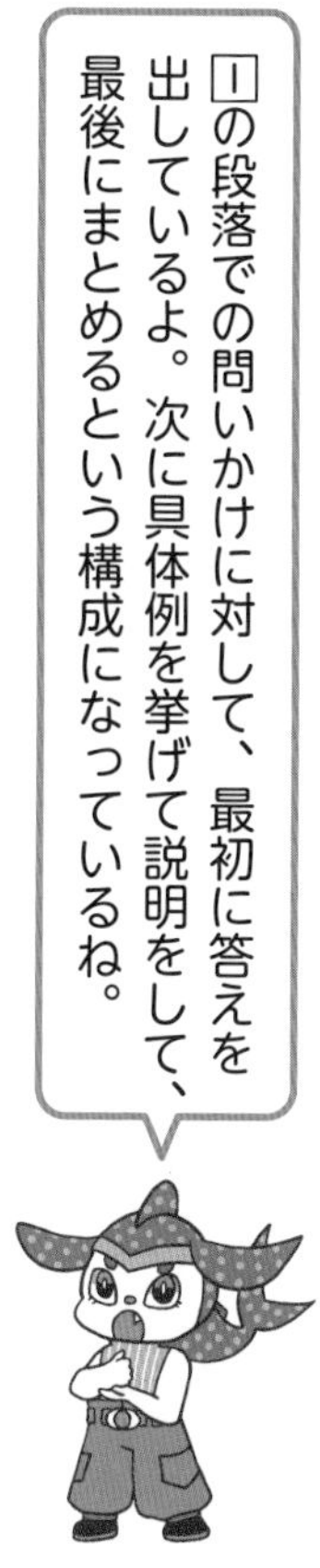
1の段落での問いかけに対して、最初に答えを出しているよ。次に具体例を挙げて説明をして、最後にまとめるという構成になっているね。

文章の構成《こうせい》

練習 ★★★

点

◆次の文章を読んで答えましょう。

1絵や彫刻《ちょうこく》などの芸術《げいじゅつ》作品を鑑賞《かんしょう》するにさいして、よく「見る目を育てる」ということが言われます。なぜ「見る目を育てる」必要があるのでしょう。

2私《わたし》たちは、「雨上がりに虹《にじ》が出た」「西の空が夕焼けで真っ赤になっていた」というような景色を見て感動します。「虹が出ている。ああ、きれいだなあ」と誰《だれ》もが思います。あるいは山一面に桜《さくら》が咲《さ》いたり、紅葉《こうよう》になったりというとき、わざわざ出かけていき、花見をしたり、紅葉を見て、「きれいだ」とか「すばらしい」と満足します。

3これらの例は、自然の美しさを見ることで感動するのですが、同じ次元で、人のつくったものを見て感動するということがあります。自然現象《げんしょう》だったら、わざわざ花見や紅葉《もみじ》狩《が》りに出かけていったり、山や海、川や渓谷《けいこく》を見たりというように、私たちは自然の造形《ぞうけい》を積極的に見に行こうという姿勢《しせい》があります。しかもその美しさに感動し、満足して、ちょっと大げさな言い方をすると「ああ、生きていてよかった」という充実《じゅうじつ》

1 この文章で、筆者は、読者にどのようなことを問いかけていますか。（各10点）

（　　　　）を鑑賞するうえで、なぜ

「（　　　　）」ことが必要なのか

ということ。

2 2・4の段落《だんらく》では、それぞれどのような例が挙げられていますか。（各10点）

2の段落……□□□□□□を見て感動する例。

4の段落……（　　　　）を見て感動する例。

見た人を感動させるものとして、二つの例を挙げているよ。

感《かん》を味わうでしょう。

4 自然物ばかりでなくて、人のつくったもの、たとえば城や寺や庭園、場合によっては手元にある小さな花《か》瓶《びん》でもいいし、壁《かべ》にかかっている一枚の絵でもいいのです。そういうものを見て感動することがあります。「ああ、見てよかった」とか「自分のものにしてよかった」という充実感が、結局は「生きていてよかった」という生きがいにつながるのではないでしょうか。

5 ものを見て喜《よろこ》ぶ、鑑賞するということはそういうことではないでしょうか。生きていることの証《あかし》、生きているという□につながることだろうと思うのです。

（江口《えぐち》滉《あきら》『やきものの世界』岩波ジュニア新書）

3 □に入る三字の言葉を、文章中からさがして書きぬきましょう。（10点）

□□□

4 1～5の段落の内容を、ア～ウの三種類に分けました。それぞれの段落について、内容をア～ウから選び、記号で書きましょう。（各10点）

1……（　　）　2……（　　）　3……（　　）

4……（　　）　5……（　　）

ア 読者への問いかけ

イ 具体例と説明

ウ まとめ

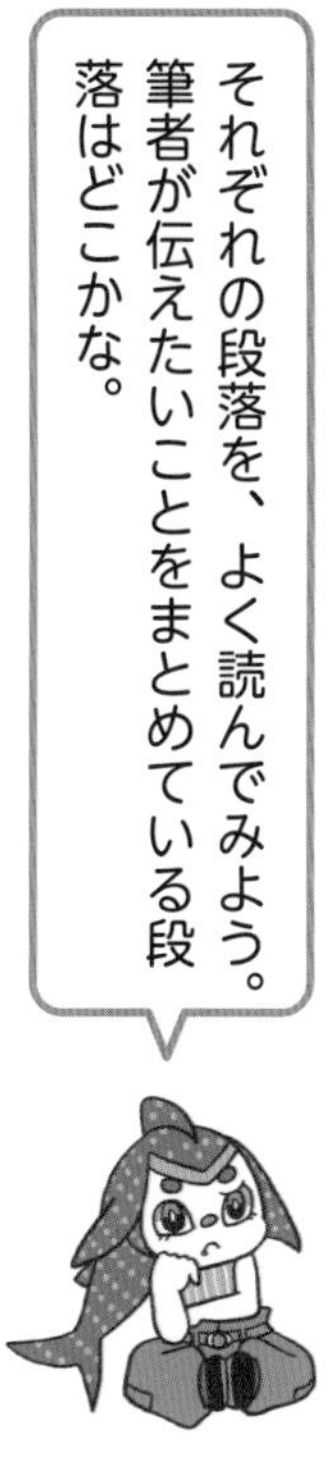
それぞれの段落を、よく読んでみよう。筆者が伝えたいことをまとめている段落はどこかな。

文章の構成《こうせい》

◆次の文章を読んで答えましょう。

[1]ピグミー*1たちの生活においてとくに大切とされることがいくつかある。そのうちでもとくに重要視《じゅうようし》されることは、食物の分かち合いである。とくに肉や蜂蜜《はちみつ》などのとくべつな食物は、いちどキャンプに持ち帰ってきたら、かならずほかの人びとにも分配*2される。

[2]集団猟《しゅうだんりょう》でとった獲物《えもの》は、猟のときの役割《やくわり》によって取り分が決められている。*3モタ猟では、一番先に矢を当てた人が獲物の所有者となる。犬の持ち主は、獲物の頭と首をもらい、とどめを刺した人は腰《こし》と背《せ》の部分をもらうという決まりになっている。*4網猟《あみりょう》では、網の持ち主が獲物の所有者となり、猟を手伝った人たちは、それぞれ獲物の一部をもらう。

[3]ただし、これでは獲物は猟に出た人の一部にしか分配されない。肉をもらえる人ともらえない人がでてくる。そこで、第一次分配で肉をもらった人は、もらえなかった人に、肉を分けてあげる。これを「第二次分配」という。第一次分配で肉をたくさんもらった人は、第二次分配では、ほかの人にたくさん分けてあげなければならない。その人がさらにほかの人に肉を分けることもある。料理をしてからほかの人にあげることもある。こうして最終的には、キャンプのみんなに肉がわたる。

[4]猟に参加した人もしなかった人も、みんな、おなじように肉をもらうことができる。それが狩猟採集民《しゅりょうさいしゅうみん》たちの暮《く》らしである。「働かざるもの、食うべからず」という格言《かくげん》は通用しない。おなじキャンプでいっしょに暮らしているかぎりは、みんな、おなじように喜《よろこ》んだり、楽しんだりしなければならない。「おなかがへるときは、みないっしょ。満腹《まんぷく》するときもみないっしょ。それがわれわれの生き方なんだ」と言う。

[5]肉の分配は、たんたんと、まったく当たり前のことのようにおこなわれる。肉を分けてあげてもとくべつ感謝《かんしゃ》されることはない。もらう人は、当たり前のように受け取るだけだ。あげたほうも、それでまったくかまわない。貴重《きちょう》なものをもらったのに、お礼も言わないのにはおどろいた。でも、かれらにしてみれば、いちいちお礼を言わなくちゃならないなんて、水くさいということなのだろう。今日は自分が人にあげたとしても、明日は自分がもらうかもしれない。おたがいさ

まなのである。

（寺嶋秀明《てらしまひであき》『森に生きる人　アフリカ熱帯雨林とピグミー』小峰書店《こみねしょてん》）

＊1　ピグミー…アフリカの熱帯雨林に住む人々。

＊2　分配…分けて配ること。

＊3　モタ猟…犬に獲物を追わせ、出てきた獲物を矢でしとめる猟。

＊4　網猟…円形に張《は》った網で動物をつかまえる狩猟方法。

1　「第一次分配」と「第二次分配」について、表にまとめましょう。（各10点）

	第一次分配	第二次分配
肉をもらえる人	猟に出た人の（　　　）。	第一次分配で、肉を（　　　）人。

2　「肉の分配は、たんたんと、まったく当たり前のことのようにおこなわれる」とありますが、これはなぜですか。文章から六字でぬき出して書きましょう。（10点）

□□□□□□だから。

3　1～5の段落《だんらく》の内容を、ア～ウの三つに分けました。それぞれの段落について、内容をア～ウから選び、記号で書きましょう。（各10点）

1……（　　）　2……（　　）　3……（　　）

4……（　　）　5……（　　）

ア　話題を示《しめ》す　イ　分配方法についての説明

ウ　ピグミーの暮らしについてのまとめ

表現力《ひょうげんりょく》

4　ピグミーたちのような生活のルールについて、あなたはどのように考えますか。わたしたちの生活や社会のルールとくらべながら書きましょう。（20点）

（　　　　　　　　）

ルールの利点や、課題となる点を考えてみよう。

複《ふく》数《すう》の文章の読み取り

◆次の文章を読んで答えましょう。

【文章】

お札や硬貨《こうか》などの現金《げんきん》を使わずにお金のやり取りをすることを、「キャッシュレス」といいます。

キャッシュレスにはいろいろな種類があり、支《し》はらいの仕方によって、「前ばらい」「即時《そくじ》ばらい」「後ばらい」の三つに分けられます。

「前ばらい」は、あらかじめカードなどにチャージ（入金）しておいて、支はらいに使う方法です。具体的には、電子マネーなどがあります。電子マネーは、小学生でも利用することができます。

「即時ばらい」は、カードを使って支はらいをすると同時に、銀行の口座《こうざ》からお金が引き落とされるという方法です。デビットカードなどがこれに当たります。

「後ばらい」は、使った金額《きんがく》を、後でまとめて支はらう方法です。クレジットカードなどがこれに当たります。デビットカードとクレジットカードを小学生が使うことはできません。

キャッシュレスのよいところは、支はらいがすばやくできるところです。自動はん売機でおつりが切れて

二つの文章に共通する内容《ないよう》に注目して、くわしい説明や言いかえられている言葉をとらえましょう。

1 「キャッシュレス」とは、どのようなことを指す言葉ですか。【文章】から七字で書きぬきましょう。（10点）

□□□□□□□お金のやりとりをすること。

2 「キャッシュレス」について、表にまとめましょう。（各10点）

支はらいの仕方	①（　　）	即時ばらい	②（　　）
特ちょう	あらかじめチャージしておく。	支はらいをすると同時に、お金が引き落とされる。	使った金額を後でまとめて支はらう。
例	③（　　）	デビットカード	クレジットカード

点

いて買えないといったことも起こりません。

一方、気をつけないといけないこともあります。例えば、「前ばらい」の場合、チャージをわすれていると、支はらいをするときに金額が足りなくて買い物ができません。また、「後ばらい」の場合、自分がはらえる金額よりも使いすぎることがないように注意する必要があります。

キャッシュレスは、とても便利な仕組みです。使い方に注意しながら、生活に取り入れていくとよいでしょう。

【会話】

田中《たなか》さん　キャッシュレスにはいろいろな種類があるんだね。利用したことはある?

山口《やまぐち》さん　バスに乗るときに、ＩＣカードを使っているよ。必要な金額をあらかじめチャージするんだ。

森川《もりかわ》さん　「［a］」の支はらい方法だね。

田中さん　私も、家族旅行のときに利用したよ。カードはかさばらないから、旅行のときは特に便利だね。

山口さん　だけど、注意点もあるよね。

森川さん　うん。クレジットカードを利用するときは、［b］よりも使いすぎることがないように、気をつけないといけないんだよね。

田中さん　そうだね。計画的に使うことが大切だね。

（書き下ろし）

3　【会話】の［a］に合う言葉を、【文章】から書きぬきましょう。（20点）

〔　　　　　〕

4　【会話】の［b］に合う言葉を、【文章】から書きぬきましょう。（20点）

〔　　　　　〕

5　【文章】と【会話】からいえることとして合うものを一つ選んで、○を付けましょう。（20点）

ア（　）キャッシュレスにはいろいろな種類があるが、小学生が利用できるものはない。

イ（　）キャッシュレスは便利な仕組みであるため、使い方に注意しながら活用するとよい。

ウ（　）「後ばらい」では、カードなどへのチャージ（入金）をわすれてはならない。

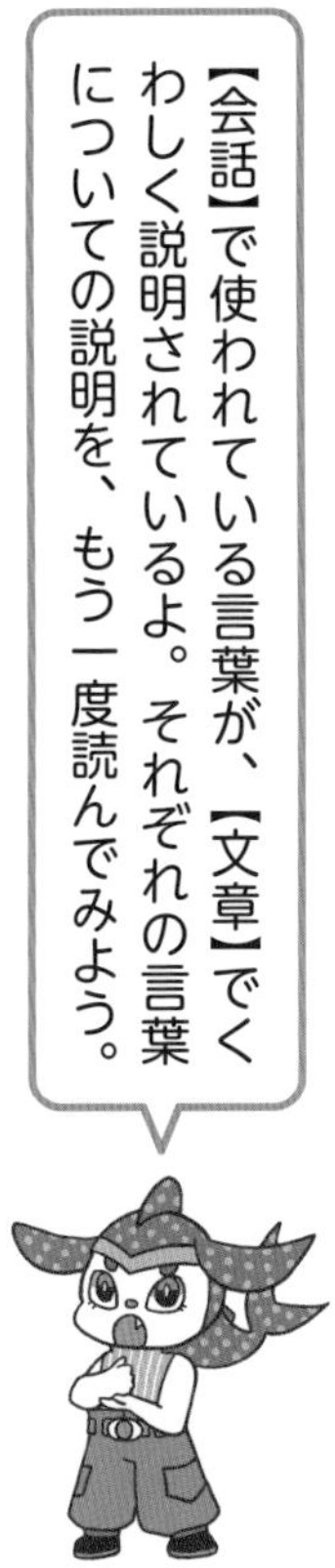
【会話】で使われている言葉が、【文章】でくわしく説明されているよ。それぞれの言葉についての説明を、もう一度読んでみよう。

33 論理《ろんり》的文章

複数《ふくすう》の文章の読み取り

◆次の文章を読んで答えましょう。

【文章1】

学んでも自分で考えなければ、本当にわかったことにはならない。考えていても学ばなければ、ひとりよがりになってしまう。

①学んで思わざれば則《すなわ》ち罔《くら》し。

②思うて学ばざれば則ち殆《あや》うし。

【文章2】

1 *孔子《こうし》先生は、いくら勉強しても、自分の頭で考えないのでは、本当にわかったとは言えない。反対に、自分の頭で考えてばかりいて、勉強しないでいると危《あぶ》なっかしい、と言っている。本を読んで勉強する、つまり、今までの人が言っていたことをちゃんと学ぶ。そのうえで、自分の頭で考える。

2 「学ぶ」と「考える」はセットなんだ。今までの人が言っていることもちゃんと学ぶけれども、自分の頭でも考えられる。

練習 ★★★

点

1 ①「学んで思わざれば則ち罔し」・②「思うて学ばざれば則ち殆うし」とは、それぞれどのような意味ですか。【文章2】から書きぬきましょう。（各15点）

① 勉強しても、自分の頭で□□□□のでは、わかったとは言えない。

② 自分の頭で考えてばかりで、勉強しないでいると□□□□□□。

2 ③「両方の手がガシッと組み合わさると強い」とは、どういうことですか。（20点）

（　　　　　　　　　　）

3 これは今言われている「新しい学力」、問題を解決《かいけつ》していく力になるんだ。右手に「学ぶ」があって、左手に「考える」があるとすると、③両方の手がガシッと組み合わさると強いんだ。

4 たとえば水泳教室で、自分流で泳いでいても上達しない。④速い人の動きをよく見たり、コーチの言うことを聞いて、自分なりに考えて工夫《くふう》し、こういう練習をしたらうまくいくという答えを見つけた人が上達していく。

5 ⑤自分勝手なやり方ばかりで練習していると、そのクセをあとで直すのは大変になる。

（齋藤《さいとう》 孝《たかし》『声に出して読みたい・こどもシリーズ こども論語《ろんご》 故《ふる》きを温《たず》ねて新しきを知る』草思社）

＊ 孔子…中国の思想家。孔子の教えを弟子《でし》たちがまとめたものが『論語』。

3 ④「速い人の動きをよく見たり、コーチの言うことを聞いて」とありますが、これは「学ぶ」と「考える」のどちらですか。一つ選んで、○を付けましょう。（15点）

（　）学ぶ

（　）考える

4 ⑤「自分勝手なやり方」を言いかえた言葉を、【文章1】から六字で書きぬきましょう。（20点）

□□□□□□

5 【文章1】と【文章2】は、ともに何について述《の》べていますか。一つ選んで、○を付けましょう。（15点）

ア（　）より多くの言葉を暗記する方法。

イ（　）物事を学習するうえで大切なこと。

ウ（　）水泳が上達するための練習の仕方。

【文章2】は、【文章1】の内容を分かりやすく説明しているね。

複数《ふくすう》の文章の読み取り

◆次の文章を読んで答えましょう。

【文章１】

学校のマラソン大会で、あなたが十位に入ったとしよう。あなたの、前回のマラソン大会での結果は、五位だったとする。順位が下がったあなたは、こう言うだろう。

「前回より、五位も下がってしまいました。」

しかし、先生はこう言うかもしれない。

「でも、三十秒もタイムがちぢまっていますよ。」

このように、同じ出来事でも、何を大事と思うかによって、発信する内容《ないよう》がずいぶんちがってくる。

これは、学校や家庭での会話だけで起こることではない。わたしたちは、テレビやインターネット、新聞など、さまざまな手段《しゅだん》で世の中の情報《じょうほう》を得《え》ている。こうした手段のことを「メディア」というが、これらメディアから発信される情報もまた、事実の全ての面を伝えることはできない。それぞれのメディアは、大事だと思う側面を切り取って、情報を伝えているのである。

（令和２年度版《ばん》 光村図書《みつむらとしょ》『国語五 銀河《ぎんが》』188・189ページより
「想像力《そうぞうりょく》のスイッチを入れよう」下村健一《しもむらけんいち》）

❶ 【文章１】「学校のマラソン大会」の例で、「あなた」と「先生」は、それぞれ何を大事と思っているといえますか。【文章１】からそれぞれ書きぬきましょう。（各15点）

あなた……〔　　　〕

先生……〔　　　〕

❷ 【文章２】「同じ商品のハンカチですが、売れゆきにちがいがあった」について、筆者はこれをなぜだと考えていますか。それぞれ【文章２】から書きぬきましょう。（各15点）

①の札に書かれた言葉は、［　　　　　　　　　　　］と感じられるが、

②の札に書かれた言葉は、［　　　　　　］ため。

点

【文章2】

数十年前のアメリカのあるデパートでのことです。同じ男子用ハンカチを、売り場の両はしに分けて積んでおき、次のような札をつけておいたところ、①の札をつけておいたほうがよく売れたというのです。

① 織《お》りのやわらかい、まじりけのないアイルランド
あさのハンカチーフ
特価《とっか》　三枚《まい》五十セント

② 手ふき　三枚二十五セント

八時間の間に、①では、二十六人が手に取って見て、十一人が買っていったのに対し、②では、六人が手に取って見て、二人が買っていきました。同じ商品のハンカチですが、売れゆきにちがいがあったのです。

どうしてこんなことが起きたのでしょうか。考えられることは、札に書かれた言葉の印象《いんしょう》のちがいです。①が、よいハンカチを特に安く売ると感じられるのに対し、②には、人目をひかない言葉が書かれています。こうした印象のちがいが、前のような結果を引き起こしたものと思われます。同じ事実でも、言葉によってちがった「事実」の受け取り方をする、ということがよくわかるでしょう。

（令和2年度版《ばん》 教育出版《きょういくしゅっぱん》『ひろがる言葉 小学国語 五上』49・50ページより「言葉と事実」福沢周亮《ふくざわしゅうすけ》）

3 【文章1】と【文章2】に共通しているのはどのようなことですか。合うものを一つ選んで、○を付けましょう。（10点）

ア（　）外国での実験について紹介しているということ。
イ（　）インターネットの役割について述《の》べているということ。
ウ（　）事実の伝わり方について述べているということ。

4 【文章1】と【文章2】で述べていることをそれぞれ書きぬいて、表にまとめましょう。（各15点）

【文章1】	日常《にちじょう》生活やメディアでは、同じ事実でも、大事だと思うことによって（　　　）する内容がちがってくる。
【文章2】	同じ事実でも、言葉の印象のちがいによって、（　　　）がちがってくる。

【文章1】と【文章2】を読みくらべて、内容を整理してみよう！

複数《ふくすう》の文章の読み取り

応用《おうよう》 ★★★

点

◆次の文章を読んで答えましょう。

【文章1】

みなさんの生きている社会は、じつにたくさんの仕事でなりたっています。それは、まるでジグソーパズルのようで、ピースの一片《いっぺん》が欠けても絵は完全にはなりません。そのピース一片一片がとなりあって、すき間をうめていく。それが、この社会生活なのですね。

（中略《ちゅうりゃく》）

農業は、漁業も含めて、人間が生きるためになにより必要な食料を生みだす仕事です。だから「第一次産業」とよばれています。

これに対し、「第二次産業」とよばれているのが、ものをつくりだす工業です。むかしは工場でものを生産するような機械も技術《ぎじゅつ》も発達していませんでした。それでも食品を加工し、布を織《お》り道具をつくる技術がなければこまります。そのために発達してきた工業ですが、大切な「食」に一番目をゆずり、工業は第二次、つまり二番目に置かれているわけです。

次は「第三次産業」。これは商業です。ものの売り買いです。せっかく食料をつくり、便利なものを生みだしても、それを生活のすみずみまで行きわたらせるには、売り買いする人がいなければこまります。

（大原興三郎《おおはらこうざぶろう》『仕事ってなんだろう？』講談社《こうだんしゃ》）

【文章2】

食品を加工する仕事があります。「食品製造業《せいぞう》」です。原料である農産物や水産物を加工するだけではなく、加工された食品を加工する会社、それをさらに加工する会社もあるのです。二次加工、三次加工といいます。

例として、パンについて考えてみましょう。小麦が小麦粉《こむぎこ》に加工されるのが第一段階《だんかい》（一次加工）です。ここでは、製粉《せいふん》会社ががんばっています。次は、その小麦粉をパンの製造会社や町のパン屋さんがパンに加工する（二次加工）わけです。ところが、これで加工が終わらない場合もあります。たとえば、ハムや野菜をはさんでサンドイッチに加工する（三次加工）ケースです。

このように、別々の会社で製造された複数《ふくすう》の品物を組み合わせる食品製造業もあるのです。それがよくわかるのが、コンビニ弁当《べんとう》の製造です。いろいろな加工食品が組み合わされていますね。食品に限《かぎ》りませんが、生活にとって必要なものを生み出す活動は、〈産業〉と呼《よ》ばれます。

わたしたちが外で食事するお店には、そば屋やすし屋、レストランのチェーン店、牛丼《ぎゅうどん》店やカレー店など、たくさんの種類があります。具体的な名前を思いうかべることができる人もいるでしょう。これらのお店をひとくくりにして、「外食産業」と呼んでいます。材料を調理する点では食品製造業と共通していますが、お客さんが気持ちよく食べられる場所を提供《ていきょう》している点では、サービス業でもあるのです。食べたあとのお皿などを片《かた》づけてくれるのも、店員さんですね。

わたしたちの食事をささえている産業として、もう一つわすれてはならないのが「食品流通業」です。流通業とは品物を別の場所に運んだり、一時的に保管《ほかん》したりする仕事のことです。原料を生産する農業や水産業は、流通を担当《たんとう》する会社などによって食品製造業や外食産業とつながっているのです。加工された食品を別の食品製造会社や外食の店に運ぶのも流通業ですね。

（中略）

食品製造業、外食産業、食品流通業の三つを合わせて、「食品産業」と呼んでいます。原料を生産する農業や水産業を出発点に、三種類の食品産業が複雑《ふくざつ》に組み合わさって活動することで、わたしたちの毎日の食生活が成り立っているわけです。

（生源寺眞一《しょうげんじしんいち》『「いただきます」を考える 〜大切なごはんと田んぼの話〜』少年写真新聞社）

1 【文章Ⅰ】で説明されている仕事について、表にまとめましょう。（各5点）

よび方	種類	どんな仕事か
第一次産業	農業・漁業	①（　　）を生み出す仕事
第二次産業	②（　　）	ものを③（　　）仕事
第三次産業	④（　　）	ものの⑤（　　）をする仕事

 ⬅次のページに続きます。

2 【文章2】で説明されている仕事について、表にまとめましょう。（各5点）

呼び方	どんな仕事か
①（　　　）	・②（　　　）を加工する仕事（一次加工） ・加工された食品を加工する仕事（二次加工） ・さらに加工する仕事（三次加工）
③（　　　）	外で食事をする場所を提供する仕事
④（　　　）	原料や加工された食品を別の場所に運んだり、一時的に⑤（　　　）したりする仕事

3 【文章2】では、何という産業について説明していますか。文章から四字で書きぬきましょう。（20点）

表現力《ひょうげんりょく》

4 【文章1】【文章2】で共通して述《の》べられているのはどのようなことですか。（30点）

（　　　　　　　　　　　　　　）

説明を通して筆者が伝えようとしていることをとらえよう。

複《ふく》数《すう》の文章の読み取り

応用《おうよう》 ★★★

点

◆次の文章を読んで答えましょう。

【文章Ⅰ】

〔筆者の家は、宮城県で牛の繁殖《はんしょく》と肥育《ひいく》を行っている農家である。〕

わたしは牛飼《うしか》いとして、これまでにたくさんの牛と過《す》ごしてきました。大きな体に似合《にあ》わず、牛はこわがりです。見なれない人が牛舎《ぎゅうしゃ》に入ってくると、ざわざわとして落ちつきがなくなります。人のにおいをかぎながら、自分に危険《きけん》がないかをたしかめるのです。

□牛は、危険なものを踏《ふ》まないように、足元にとても気をつけています。体の大きな動物にとって、体重を支《ささ》える足をけがすることは、ときとして命取りになるからです。

どの牛ものんびりしているように見えて、一頭一頭、性格《せいかく》がちがいます。やさしい牛もいれば、意地悪な牛もいます。なかには、堂《どう》どうとふるまう牛もいて、ほれぼれすることがありますよ。

「牛を出荷するときは、さびしくて、涙《なみだ》が出るのでしょうね」

ときどき、そういわれることがあります。

子牛はすぐに風邪《かぜ》をひくので、冬のあいだは、あたたかいジャケットを着せて守ります。じゅうぶん気をつけていたつもりでも肺炎《はいえん》になって、あっという間に命を落としたことが何度もありました。病気やけがで牛が苦しんだり、命を落としたりすると、「守ってあげられなくてごめんな。許《ゆる》してくれ」と、くやしい気持ちでいっぱいになります。

牛との別れがまったくさびしくないといえばうそになりますが、わたしたちが涙を流すのはこんなときなのです。

牛を育てるときはいつも、「自分の手元にいるあいだは、健康で、安心して暮《く》らしてほしい。食べる人たちによろこんでもらえるような牛になってほしい」と願って世話をしています。

牛を送りだすときは、「よくここまで育ってくれたな。この先は、たくさんの人の命になってくれ」と祈《いの》ります。どんなに愛情《あいじょう》をかけ、かわいいと思っても、家畜《かちく》は

←次のページに続きます。

ペットではありません。

わたしたちの命は、植物や動物を食べることで支えられています。牛飼い農家は、命を支えてくれる牛に感謝《かんしゃ》しながら、いっしょうけんめいに働くことで、牛に恩返《おんがえ》しをしています。

そして、自分たちが育てた牛たちが、みんなの命になることを誇《ほこ》りに思っています。

（堀米薫《ほりごめかおる》『めざせ、和牛日本一！』くもん出版《しゅっぱん》）


【文章2】

命が続いていくためには、他の命を取らなければいけない。これは太古の昔から変わらず、どんなに文明や科学が進んでも一切変えることができない事実だ。

（中略《ちゅうりゃく》）


現在《げんざい》日本では「＊1と畜《ちく》場法」という法律《ほうりつ》があり、勝手に＊2と殺《さつ》して食べてはいけないことになっている。それは食中毒《しょくちゅうどく》の防止《ぼうし》など人間の健康を守るためだけれど、同時に僕《ぼく》らは日常《にちじょう》生活の中で、自分たちが食べるために動物の命を奪《うば》うという事実から、すっかり切り離《はな》されてしまった。僕《ぼく》自身、恥《は》ずかしい話、大学に入るまでスーパーで売られている肉がどんなふうに「肉」になっているか考えてこなかった。考えるのを避《さ》けてきたのではなく、気がつかなかった。

だからと言って、自らの手で家畜を殺《ころ》して食べなくては命の大切さを知ることはできない、などと言いたいのではない。もちろんいまの僕にもそんなことはできない。ただ、いつも食べているお肉には、そういう現実が見えないところで行われている、ということは知っておくべきだと思うのはおせっかいだろうか。

（田向健一《たむかいけんいち》『生き物と向き合う仕事』ちくまプリマー新書）

＊1　と畜場…家畜を殺して肉にする施設《しせつ》。
＊2　と殺…家畜などの動物を、肉や皮をとるために殺すこと。

1 【文章1】の□に合う言葉を一つ選んで、○をつけましょう。（10点）

ア（　）しかし
イ（　）また
ウ（　）だから

2 【文章1】「わたしたちが涙を流すのはこんなとき」とありますが、「こんなとき」とはどのようなときですか。文章から書きぬきましょう。（20点）

（　　　　　　　　）するとき。

3 【文章2】「恥ずかしい話」とありますが、筆者はどのようなことを「恥ずかしい」と感じているのですか。文章から書きぬきましょう。（各15点）

大学に入るまで、スーパーで売られている肉が

（　　　　）

ということに

（　　　　）こと。

4 【文章1】【文章2】で共通して述《の》べられているのはどのようなことですか。（20点）

（　　　　）

5 【文章1】【文章2】を読んで、あなたが考えたことを書きましょう。（20点）

表現力《ひょうげんりょく》

（　　　　）

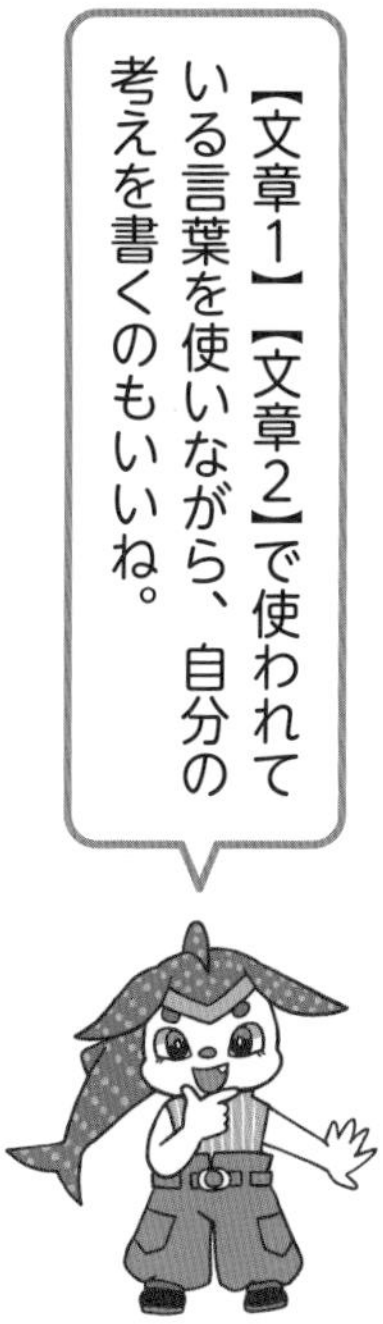

【文章1】【文章2】で使われている言葉を使いながら、自分の考えを書くのもいいね。

筆者の考え―随筆《ずいひつ》

◆次の文章を読んで答えましょう。

　去年のことだが、関西に住む七十《ななじゅう》二《に》歳《さい》のおばあさんから、突然《とつぜん》お手紙をいただきました。

　わたしは今から六十数年前、島根県の小学校であなたのお母さまに教えてもらったことがある。家の都合で二年生になったとき転校してしまったが、お母さんのことがわすれられず、成人してからも知人に問いあわせてはいたが、広島に嫁《とつ》がれたことしかわからなかった。

　このたび母校の校誌《こうし》を見る機会があり、あらためて関係者に問いあわせて、やっと息子《むすこ》であるあなたの住所を知ることができた。きけば、お母さまには先年お亡《な》くなりのよし、あと数年早く消息がつかめていれば、お元気なうちにお目にかかれたものを、とくやまれてならない。

　手紙の内容《ないよう》は、ざっとこんなものでした。

（中略《ちゅうりゃく》）

①先生と生徒の関係って、すごいなと、しみじみ感じます。

　考えてみると、子どもが成長していくうちに、両親のつぎに深い関係をもつおとなというと、学校の先生

文末表現《ひょうげん》に注意して事実と筆者の考えや思いを述《の》べている部分を読み分け、筆者の伝えたいことをとらえましょう。

1 ①「先生と生徒の関係って、すごいなと、しみじみ感じます。」とありますが、このように感じたのは、どんなことがあったからですか。合うものを一つ選んで、○を付けましょう。（20点）

ア（　）筆者の母親が先生をしていたころの教え子たちが、何十年も筆者をさがしていたこと。

イ（　）筆者の母親が先生をしていたころの教え子が、六十年以上も母親の消息をたずねていたこと。

ウ（　）筆者の母親が、先生をしていたころ一年ほど教えた子どものことを、覚えていたこと。

2 筆者は、学校の先生とはどんな存在《そんざい》だと考えていますか。文章から三十字でさがし、最初と最後の四字を書きましょう。（25点）

□□□□～□□□□

点

なんですね。小学校、中学校、高校と、いろんな先生に出会う。この先生たちと、たんに教室のなかだけのつきあいにおわらせるのは、ちょっともったいない。

ぼくも、中学校や高校時代の先生で、いまだにおつきあいさせてもらっている人がなん人かいます。なにか悩《なや》みごとがあるときは、かならず相談に行きます。

②不思議なもので、学校時代、とりわけ目をかけてもらったわけでもないのに、卒業したあと家におしかけていくと、じつに親切に相談にのってくださる先生がある。

逆《ぎゃく》に、授業中《じゅぎょうちゅう》、みんなをわらわせるのがうまくて、さぞかし話のわかる先生だろうと、期待して訪問《ほうもん》すると、妙《みょう》によそよそしくて、話していても、ちっともおもしろくない人もいる。

ま、先生も、卒業した生徒のめんどうまでみていては体がもたないという気持ちもあるでしょう。あるいは、そんな先生とは、せいぜい教室のなかだけのおつきあいでおわらせたほうがいいのかもしれない。

いずれにしても、先生の人柄《ひとがら》とか教養の深さは、教室のなかだけでは、なかなかわかりません。こちらが、その先生とおなじ年代になって、やっとわかってくる。

③ぼくは、そんなふうに考えています。

（那須正幹《なすまさもと》『子どもにおくるエッセー集 夕焼けの子どもたち』岩崎書店《いわさきしょてん》）

3 ②「不思議なもので」とありますが、筆者はどんなことを不思議だと思っているのでしょう。（25点）

ア（　）学校にいる間おもしろかった先生にかぎって、卒業後はよそよそしくなること。

イ（　）卒業後に家におしかけていくと、どの先生もみな親切に相談にのってくれること。

ウ（　）卒業後の先生が、学校時代のかかわりや態度《たいど》から想像《そうぞう》していた人とは、ちがう場合があること。

4 ③「ぼくは、そんなふうに考えています」とありますが、筆者はどんなふうに考えているのでしょう。（各10点）

先生の□□□□□□□□□は、教室のなかのつきあいだけではわからず、自分がその先生と□□□□□になって、やっと□□□□□□ものである。

③——の前の部分に注目して、筆者の考えを読み取ろう。

◆次の文章を読んで答えましょう。

小学校時代のそんなある日、僕《ぼく》らが住んでいた福岡《ふくおか》の社宅《しゃたく》の隣《となり》に、ある一家が移《うつ》り住《す》んで来た。父母兄妹《きょうだい》の四人家族で、(ちなみに僕のところは父母兄弟である。)長男ヨー君は僕と同い年であった。問題の負けたくない読書友達というのが、そのヨー君である。彼《かれ》は信じられないほどの読書家だった。小学校の四年生ぐらいで、既《すで》にヘルマン・ヘッセの『車輪《しゃりん》の下《した》』を読んでいた。

(中略《ちゅうりゃく》)

①数日後、父はヘッセの『車輪の下』を買って来た。僕はペラペラとページを捲《めく》ってみたのだが、とてもあの頃《ころ》の僕に太刀打《たちう》ちできる代物《しろもの》ではなかった。ただ、僕は投げ出さなかった。それを読めば、ヨー君みたいに大人たちから〝すごい〟と誉《ほ》められるのだから。当時、僕はヘッセを読破《どくは》することが子供《こども》のステータス*を得《え》る近道だと考えたに違《ちが》いない。確《たし》かに、ヘッセを持ち歩いていると、父や母や、周りの大人たちの僕を見る目が違った。

②父はそれから、事ある毎《ごと》に、僕に本を買い与《あた》えた。

1 「ヨー君」はどのような人物ですか。文章から十二字で書きぬきましょう。(20点)

2 ①「数日後、父はヘッセの『車輪の下』を買って来た」とありますが、「僕」が『車輪の下』を投げ出さずに読んだのは、どう考えたからですか。合うものを一つ選んで、〇を付けましょう。(15点)

ア( )ヘッセを読めば、ヨー君と友達になれると考えたから。

イ( )ヘッセを読むことで、大人たちにみとめられると考えたから。

ウ( )ヘッセを読んで、子供たちにそんけいされたいと考えたから。

「〜に違いない。」という文末表現に注目して、考えを読み取ろう。

隣家《りんか》と仲良くなればなるほど、父の負《ま》けず嫌《ぎら》いはひどくなった。あるとき、狭《せま》い勉強部屋に『世界名作全集』が、でんと転がっているのを見て、僕は途方《とほう》に暮《く》れたものだ。きっと隣の家へ皆《みな》で食事をしに行ったときに、同じようなものをヨー君の勉強部屋かどこかで見つけたに違いなかった。

　しかし、ヘッセとの出会いはそんなふうにかなり不《ふ》純《じゅん》なものではあったが、五年生に進級する頃には、僕は僕なりにあの本を読破していたのである。一冊《いっさつ》の本を最後まで、はじめて読み通すことができたのも『車輪の下』が初めてで、その感動も大きかった。そして何より、名作に触《ふ》れられたことが、③後の僕に大きな変化をもたらしたのだ。僕は、主人公のハンスとその親友のハイルナーに心を動かされた。友情《ゆうじょう》ということの意味を真剣《しんけん》に考えるようになるきっかけとなった。更《さら》に、『車輪の下』はヘッセの自伝的小説であることを知《し》り、僕は図書館に通って彼の歴史《れきし》と他の作品を学ぶようにもなるのである。そして五年生の冬には、僕は最初の詩(「自転車」)を、創作《そうさく》するまでになっていた。

(辻《つじ》仁成《ひとなり》『そこに僕はいた』角川書店《かどかわしょてん》)

＊ステータス…社会的地位。身分。

3 ②「父はそれから、事ある毎に、僕に本を買い与えた」とありますが、父はどのような気持ちで「僕」に本を買い与えたのですか。(20点)

（　　　　　　　　）

4 ③「後の僕に大きな変化をもたらしたのだ」とありますが、どのような変化ですか。(各15点)

・□□□□□□□□□□を真剣に考えるようになった。

・ヘッセの□□と他の作品を学ぶようになった。

・詩を□□するようになった。

③――のあとの部分に注目して、「僕」の変化を読み取ろう。

◆次の文章を読んで答えましょう。

〔朝、目をさますと、夜の間に、初雪が降《ふ》っていた。〕

私《わたし》は、学校の終《お》わるのをまちかねて、カバンを玄関《げんかん》になげ込《こ》むと、とっとっと、①裏《うら》の松山にかけていきました。

山をあるきまわった、動物たちの足跡《あしあと》をみるためです。

こんな雪の日に、山に行くものはだれもいません。

すぐ裏の山ですが、そこにのぼる細い山道は、人間の足跡一つない、新鮮《しんせん》な雪なのです。

手の切れるほど、新鮮な雪の細道です。

新雪をふんで、私は、さぶさぶと、②ひとりでのぼっていきました。

白くふくらんだ、真新しい雪です。

この地球の上で、私が一番最初に踏《ふ》む雪です。

自分が、一番最初にすると言うことは、なんによらず、誇《ほこ》らしい気持《きもち》のするものです。

私は、どきどきするような喜《よろこ》びを感じながら、のぼっていきました。

（中略《ちゅうりゃく》）

頂上《ちょうじょう》は、少しひらけて、展望台《てんぼうだい》のように、見晴らしのきく所でした。

私は、そこに立って、雪の上を吹いて来る風を、こころよく頰《ほお》にうけていました。

と、突然《とつぜん》、ぱっと、私は、何者にか、くりくり坊主《ぼうず》の頭を、うたれました。

びっくりして、私は、飛《と》び上《あが》りました。

③私の頭を、ぽんと、けったのは、鳥でした。大きな、鳥でした。

どこから、飛びだして来たのか、突然、私の頭を、けりつけておいて、二十メートルばかり先の松の大木の上にとまりました。

枝《えだ》の雪がぱらぱらと散りました。

いったい、どういうつもりで、鳥は、私の頭を、けったのでしょうか。

ひらひらと飛んで来て、意識《いしき》してけったのはたしかです。

こどもだと思って、鳥がばかにしたのでしょうか。

大きな鳥は、枝にとまって、首をのばして、私の方を、きょろきょろと、みているのです。

どういうものか、私は怒《いか》りも恐怖《きょうふ》も、みじんも感じませんでした。かえって、野性《やせい》の鳥に、頭をけられたことが、たまらぬほど愉快《ゆかい》になって来ました。

「バンザアイ！」

私は、いきなり、鳥に向《む》かって、大声で叫《さけ》びながら、両手をあげました。すると、鳥は、ばたばたとはばたいて、飛び立って行ってしまいました。

何でも、その鳥は、鷹《たか》のたぐいのようでありました。

あの時のことを、こうして、今、思いだしても、やっぱり、ほほえましい気持になるのです。

人間の心って、どうも、不思議なものです。

（椋《むく》鳩十《はとじゅう》『椋鳩十の本　信濃《しなの》少年記』理論社《りろんしゃ》）

1

①「裏の松山にかけていきました」とありますが、「私」が裏の松山にかけていったのはなぜですか。文章から二十二字でさがし、最初と最後の四字を書きましょう。（10点）

□□□□～□□□□

2

②——のとき、「私」はどんな気持ちでしたか。合うものを一つ選んで、○を付けましょう。（15点）

ア（　）たったひとりで山道をのぼることにきんちょうする気持ち。

イ（　）だれも足跡をつけていない新鮮な雪を踏んでよいのか迷《まよ》う気持ち。

ウ（　）自分が最初に雪をふむことが誇らしくうれしい気持ち。

3

③——について答えましょう。

(1)「私」は、鳥が頭をけったことをどう考えていますか。合うものを一つ選んで、○を付けましょう。（10点）

ア（　）鳥が、「私」の頭だと意識してけった。

イ（　）鳥は、「私」の頭に気づかずにぶつかった。

ウ（　）鳥が、「私」の頭を何かとまちがえてけった。

(2) 鳥に頭をけられた「私」は、どう思ったでしょう。（各15点）

□□も□□も感じず、野性の鳥に頭をけられたことを、とても□□に思った。

4

表現力《ひょうげんりょく》

この文章の出来事を思いだすとき、「私」はどのように感じますか。「人間の心」という言葉を使って書きましょう。（20点）

（　　　　　　　　）

「あの時のことを、こうして、今、思いだしても、」に続く部分に注目しよう。

40

文学的文章

言葉を味わう――詩

基《き》本《ほん》 ★★★

点

表現《ひょうげん》の工夫《くふう》（たとえ・くり返し・対句《ついく》・倒置《とうち》など）に注目して、作者が伝えたいことをとらえましょう。

1 次の詩を読んで答えましょう。

本

三《み》好《よし》達《たつ》治《じ》

蝶《ちょう》よ　白い本
蝶よ　軽い本
水平線を縫《ぬ》いながら
砂丘《さきゅう》の上を舞《ま》いのぼる

❶ 「蝶よ　白い本／蝶よ　軽い本」の二行における工夫に合うものを二つ選んで、○を付けましょう。（各5点）

ア（　）同じ言葉をくり返している。
イ（　）言葉の順序《じゅんじょ》がふつうと逆《ぎゃく》になっている。
ウ（　）言葉の組み立てが対《つい》になっている。

❷ 「蝶」を何にたとえていますか。詩から二つ、それぞれ三字で書きぬきましょう。（各10点）

□□□

□□□

❸ この詩には、どんな様子がえがかれていますか。（各10点）

白い□が、□□□を縫うように飛んで、□□の上を舞うようにのぼっていく様子。

2 次の詩を読んで答えましょう。

明日《あした》

新美南吉《にいみなんきち》

花園《はなぞの》みたいにまっている。
祭《まつ》みたいにまっている。
明日がみんなをまっている。

草の芽、
あめ牛、てんと虫。
明日はみんなをまっている。

明日はさなぎが蝶《ちょう》になる。
明日はつぼみが花になる。
明日は卵《たまご》がひなになる。

明日はみんなをまっている。
泉《いずみ》のようにわいている。
らんぷのように点《とも》ってる。

1 「明日がみんなをまっている」には、どんな工夫がされていますか。合うものを一つ選んで、○を付けましょう。（10点）

ア（　）人ではないものを人にたとえて表している。
イ（　）文末をものの名前で終えている。
ウ（　）言葉の順序をふつうとは逆にしている。

2 「明日」を何にたとえていますか。詩から四つ書きぬきましょう。（各5点）

［　　　］［　　　］
［　　　］［　　　］

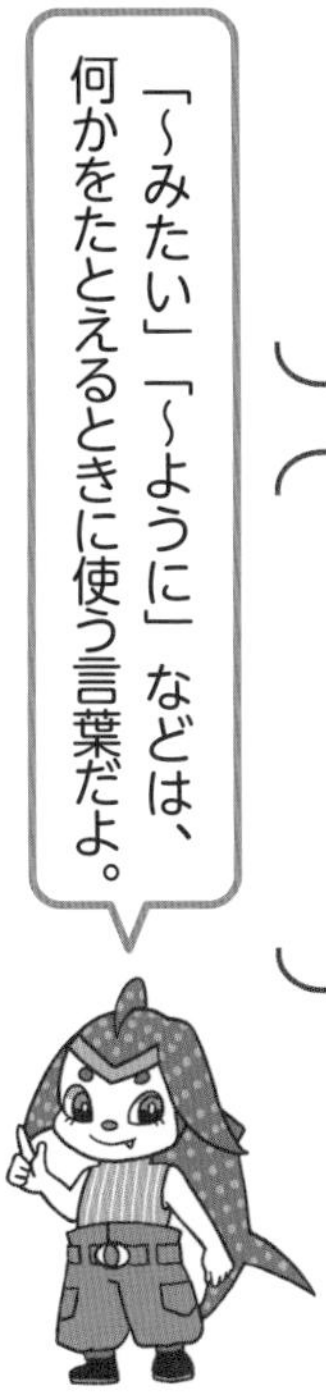
「〜みたい」「〜ように」などは、何かをたとえるときに使う言葉だよ。

3 この詩には、どのような心情《しんじょう》が表現《ひょうげん》されていますか。合うものを一つ選んで、○を付けましょう。（10点）

ア（　）明日にばかり期待するのではなく、今日を大切にしようと思う気持ち。
イ（　）明日大変なことが起こっても、がんばって乗りこえようと決意する気持ち。
ウ（　）明日には何か明るく楽しいことがあると期待して、待ち遠しく思う気持ち。

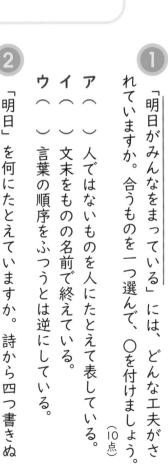

言葉を味わう—短歌・俳句《はいく》

1 次の短歌を読んで答えましょう。

① 金色《こんじき》のちひ《(い)》さき鳥のかたちして
銀杏《いちょう》ちるなり夕日の岡《おか》に
与《よ》謝《さ》野《の》晶子《あきこ》

② 秋来《き》ぬと目にはさやかに見えねども
風の音にぞおどろかれぬる
藤原敏行《ふじわらのとしゆき》

③ 人はいさ心も知らずふるさとは
花ぞ昔の香《か》ににほ《(お)》ひ《(い)》ける
紀貫之《きのつらゆき》

④ 向日葵《ひまわり》は金《きん》の油を身にあびて
ゆらりと高《たか》し日のちひ《(い)》ささよ
前田夕暮《まえだゆうぐれ》

1 ②の短歌と同じ季節をよんでいる短歌はどれですか。一つ選んで、番号を書きましょう。(10点)（　　）

2 次の説明に合う短歌を一つずつ選んで、番号を書きましょう。(各5点)

(1) においを感じてよんでいる歌（　　）

(2) 音を聞き分けてよんでいる歌（　　）

3 ④の短歌について説明した次の文の（　　）に合う言葉を考えて書きましょう。また、□に合う言葉を後の□から選んで書きましょう。(各10点)

（　　　　）をあびてゆらりと高くさく向日葵とその上に小さくかがやく太陽が、□のようにえがかれ、□の生命力を感じさせる。

春　夏　秋
物語　絵画

2 次の俳《はい》句《く》を読んで答えましょう。

① 分け入っても分け入っても青い山
種《たね》田《だ》山《さん》頭《とう》火《か》

② 菜の花や月は東に日は西に
与《よ》謝《さ》蕪《ぶ》村《そん》

③ ゆさゆさと大枝《おおえだ》ゆるる桜《さくら》かな
村《むら》上《かみ》鬼《き》城《じょう》

④ いくたびも雪の深さを尋《たず》ねけり
正《まさ》岡《おか》子《し》規《き》

1 五・七・五のきまりにとらわれていない句はどれですか。一つ選んで、番号を書きましょう。（10点）（　　）

2 ③・④の句の、季語と季節を書きましょう。（各5点）

③ 季語（　　　　） 季節（　　　　）

④ 季語（　　　　） 季節（　　　　）

俳句には、季節を表す言葉の「季語」を一つ入れるのが原則《げんそく》だよ。

3 ②の俳句について説明した次の文の（　　）に合う言葉を俳句から書きぬきましょう。また、□に合う言葉を［　］から選んで書きましょう。（各5点）

（　　　　）が一面にさいている野で、（　　　　）にのぼってくる月、（　　　　）にしずんでゆく夕日が見えている。ゆう大な景色の□をえがいている。

おそろしさ　美しさ　さびしさ

言葉を味わう―詩と鑑賞文《かんしょうぶん》

応用《おうよう》 ★★★

点

◆次の詩と文章を読んで答えましょう。

春の岬《みさき》に来て

三越《みつこし》左千夫《さちお》

潮騒《しおさい》が歌うように話しかけてくる
菜の花が風にゆすられて
うなずきながら聞いている
海の見える丘《おか》の畑は光がいっぱい

やわらかな光に祝福されて
花の中にすわっていると
心が黄色くそまってくる
青い海に瞳《ひとみ》があらわれる

明るい春の岬のながめは
御馳走《ごちそう》のうちのひとつだ
潮の風と花の匂《にお》いにつつまれて
いっそう心がふくらむ

心をふくらませているのは
旅のわたしたちばかりではない
バレリーナーの蝶《ちょう》も縞模様《しまもよう》の蜂《はち》たちも
春のパーティーに酔《よ》っている

【観賞文《かんしょうぶん》】

第一連は、こまかな描写《びょうしゃ》によって、春の岬のイメージをだしています。そしてこの中では、［A］も、［B］も、人と同じにあつかわれています。

「潮騒が歌うように話しかける」

「菜の花が風にゆすられてうなずきながら聞いている」

潮騒と菜の花が、友だちか恋人同士《こいびとどうし》という美しいイメージでえがかれて、半島の春のやさしさ、あかるさ、美しさがでています。

第二連めは、その中にすわっている作者自身をえがきだしています。

「菜の花の［C］に心は染《そ》まり、瞳は［D］海にあらわれる」

作者の心のたのしさが、この二行で、はっきり伝わってきます。

第三連めは、そうした「春の岬のながめは、［E］」ということです。

そして最終連では、[F]をバレリーナにたとえ、[G]は、黄《き》と黒《くろ》のシャツを着《き》ている男性《だんせい》バレリーナとしています。

（高田敏子《たかだとしこ》『詩の世界』ポプラ社《しゃ》）

1 【観賞文】のA・Bに当てはまる言葉を、詩から書きぬきましょう。（各10点）

A（　　　　）　B（　　　　）

2 【観賞文】のC・Dに当てはまる色を表す言葉を、詩から書きぬきましょう。（各10点）

C（　　　　）　D（　　　　）

3 Eに合う言葉を次から一つ選んで、○を付けましょう。（15点）

ア（　）見ていると御馳走がたべたい気持ちになる

イ（　）御馳走のように味わうのにお金がかかる

ウ（　）御馳走をたべているときと同じ幸福な気分だ

4 【観賞文】のF・Gに当てはまる言葉を、詩からそれぞれ一字で書きぬきましょう。（各10点）

F [　]　G [　]

5 あなたは、この詩を読んで、どんなことを感じましたか。この詩で用いられている詩の工夫《くふう》を一つ取り上げ、それにふれながら書きましょう。（25点）

表現力《ひょうげんりょく》

（　　　　　　　　　　）

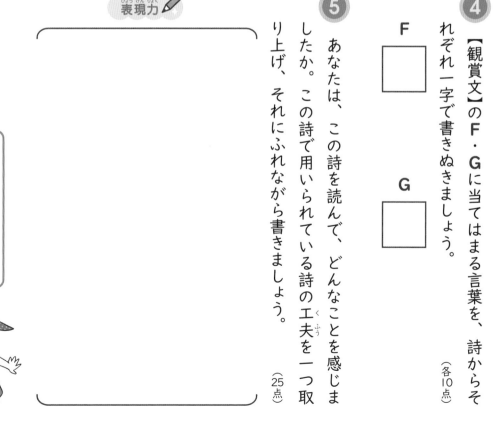

言葉を味わう―落語

◆次の文章を読んで答えましょう。

〔ある夫婦《ふうふ》に初めて子どもが生まれたので、父親が、お寺のおしょうさんに子どもの名前をつけてもらいに行き、考えてもらったいくつかの名前を全部つけた。〕

①この子が大きくなるにつれてそろそろいたずらがはじまります。近所の子どもがぶたれてコブができたと泣きながらいいつけにまいりました。

「ワーン、ワーン、おばさん、お前《まえ》のところの寿限無《じゅげむ》寿限無、五劫《ごこう》の摺《す》り切《き》れず、海砂利水魚《かいじゃりすいぎょ》の水行末《すいぎょうまつ》、雲《うん》来末《らいまつ》風来末《ふうらいまつ》、食《く》う寝《ね》る所に住む所、ヤブラコウジのブラコウジ、パイポパイポ、パイポのシューリンガン、シューリンガンのグーリンダイ、グーリンダイのポンポコピーのポンポコナァの長久命《ちょうきゅうめい》の長助《ちょうすけ》が、おいらの頭をぶってこんな大きなコブをこしらえたんだよウ」

②「あらまァ、金《きん》ちゃん、うちの寿限無寿限無、五劫の摺り切れず、海砂利水魚の水行末、雲来末風来末、食う寝る所に住む所、ヤブラコウジのブラコウジ、パイポパイポ、パイポのシューリンガン、シューリンガンのグーリンダイ、グーリンダイのポンポコピーのポ

1 登場人物は何人でしょう。（　）に数字を漢字で書きましょう。（20点）

（　　）人

2 ①「この子」の名前は、何といいますか。文章の［　］からさがして、最初と最後の五字を書きましょう。（25点）

□□□□□ ～ □□□□□

［　］の言葉をよく読んで、「この子」のことを何とよんでいるかを読み取ろう。

3 ②「あらまァ、金ちゃん」とありますが、「金ちゃん」は、何をするために「おばさん」のところへ来たのですか。（25点）

ンポコナァの長久命の長助がお前の頭をぶってコブをこしらえたって、とんでもないことをおしだねえ。ちょいとお前さん、聞《き》いたかえ、うちの寿限無寿限無、五劫の擂り切れず、海砂利水魚の水行末、雲来末風来末、食う寝る所に住む所、ヤブラコウジのブラコウジ、パイポパイポ、パイポのシューリンガン、シューリンガンのグーリンダイ、グーリンダイのポンポコピーのポンポコナァの長久命の長助が、金ちゃんの頭にコブをこしらえたとさァ」

「じゃアなにか、うちの寿限無寿限無、五劫の擂り切れず、海砂利水魚の水行末、雲来末風来末、食う寝る所に住む所、ヤブラコウジのブラコウジ、パイポパイポ、パイポのシューリンガン、シューリンガンのグーリンダイ、グーリンダイのポンポコピーのポンポコナァの長久命の長助が、金坊《きんぼう》の頭にコブをこしらえたって、とんでもねえ野郎《やろう》じゃアねえか。ドレ、金坊、頭を見せてごらん……。なんでえ、③コブなんざァどこにもねえじゃアねえか」

「あんまり名前が長いから、もうコブがひっこんじまった」

（「寿限無」・『古典落語大系《たいけい》　第一巻《だいいっかん》』三一書房《さんいちしょぼう》）

おばさんの子どもに、

4　③「コブなんざァどこにもねえじゃアねえか」とありますが、コブがどこにもなかったのはなぜですか。「名前」「時間」という言葉を使って書きましょう。（30点）

最後の「金ちゃん」の言葉に注目しよう。コブがなくなった理由を、何と言っているかな。これが、この落語のオチだよ。

資料《しりょう》の読み取り

基本《きほん》 ★★★

点

◆次のグラフと会話を読んで答えましょう。

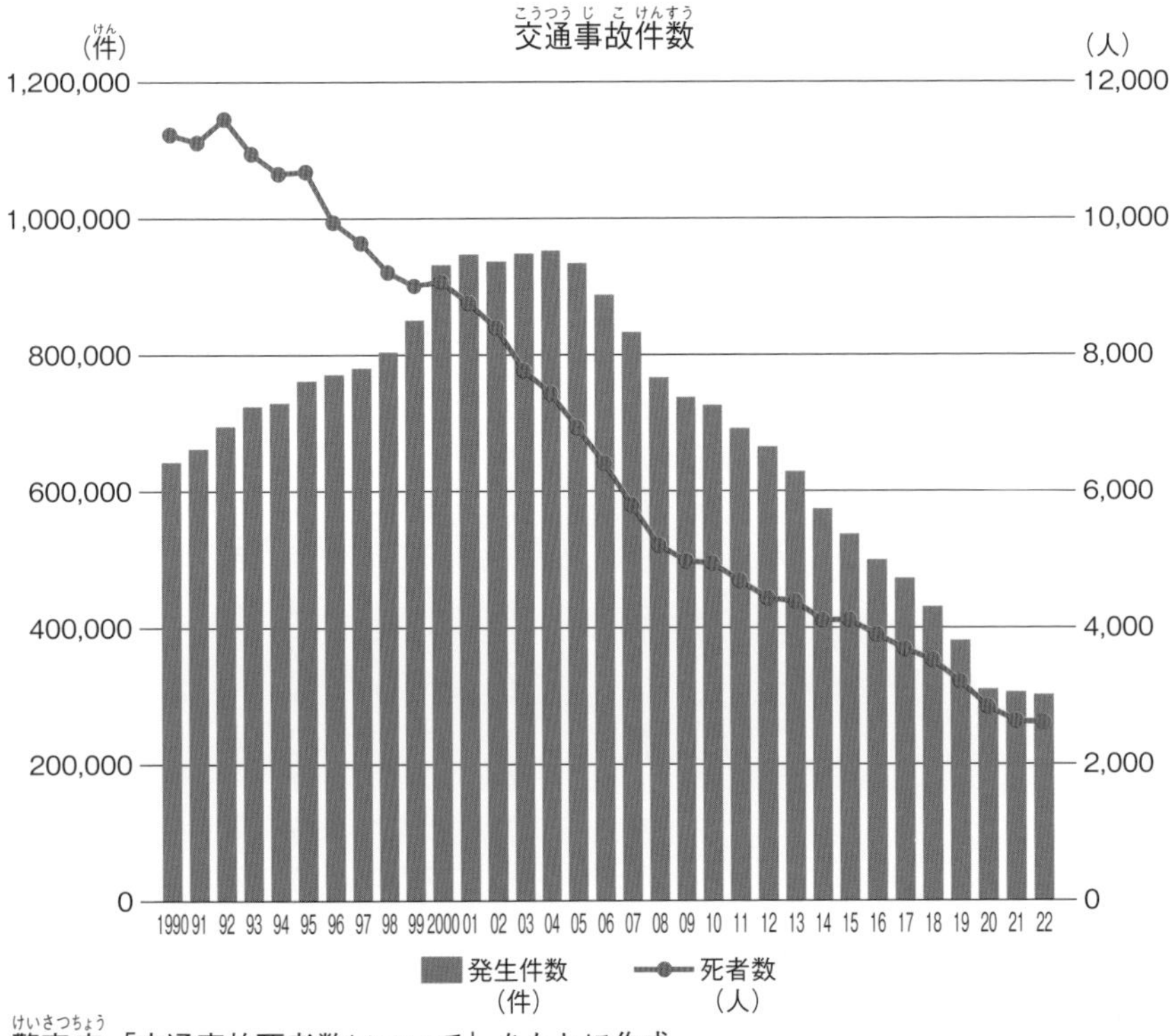
交通《こうつう》事《じ》故《こ》件数《けんすう》
(件《けん》)
(人)
1,200,000
1,000,000
800,000
600,000
400,000
200,000
0
12,000
10,000
8,000
6,000
4,000
2,000
0
1990 91 92 93 94 95 96 97 98 99 2000 01 02 03 04 05 06 07 08 09 10 11 12 13 14 15 16 17 18 19 20 21 22
発生件数(件)
死者数(人)

警察庁《けいさつちょう》「交通事故死者数について」をもとに作成

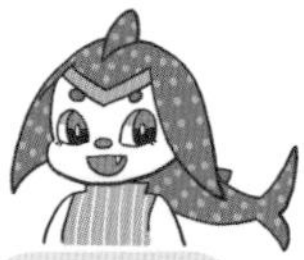

資料《しりょう》と文章の対応《たいおう》関係に注目して、資料の内容《ないよう》やそこから分かることをとらえましょう。

1 [A]に合う言葉を一つ選んで、○を付けましょう。(20点)

ア (　) 一九九〇年代前半

イ (　) 二〇〇〇年代前半

ウ (　) 二〇一〇年代前半

2 [B]に合う数字を、書きましょう。(20点)

(　　)

上のグラフでは、棒《ぼう》グラフは左のめもり、折れ線グラフは右のめもりを使って読むよ。

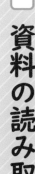

先生　このグラフから、気づいたことはありますか。

田中《たなか》　交通事故の件数《けんすう》は、［A］が最も多くなっています。近年では、だんだん減《へ》っているようです。

山口《やまぐち》　二〇一九年から二〇二二年の交通事故発生件数は［B］万件未満になっています。

川島《かわしま》　死者数も、一九九〇年から一九九五年までは、［C］をこえていたけれど、どんどん減っています。

先生　これらの理由として、信号や道路標識《ひょうしき》などの整《せい》備《び》が進んだこと、シートベルトの着用が義務《ぎむ》になったこと、飲酒運転や携帯《けいたい》電話・スマートフォンを見ながらの運転に対する取りしまりがきびしくなったことなどが挙げられます。

田中　信号や道路標識が整備されれば、交通ルールが守られるようになりますね。シートベルトをしていれば、いざというときに安全だし、あぶない運転をきびしく取りしまれば、そういう運転をする人が少なくなると思います。

山口　全国で、①交通事故を減らすくふうと、②事故にあっても大けがをしないくふうをしてきたということなんですね。

（書き下ろし）

3　［C］に合う数字を書きましょう。（20点）

（　　　）人

4　あとのア〜ウの中で、①「交通事故を減らすくふう」、②「事故にあっても大けがをしないくふう」に当てはまるものをそれぞれすべて選び、記号で答えましょう。（各20点）

①　交通事故を減らすくふう　（　　　）

②　事故にあっても大けがをしないくふう　（　　　）

ア　信号や道路標識の整備

イ　シートベルト着用の義務化

ウ　飲酒運転や携帯電話・スマートフォンを見ながらの運転に対する取りしまり強化

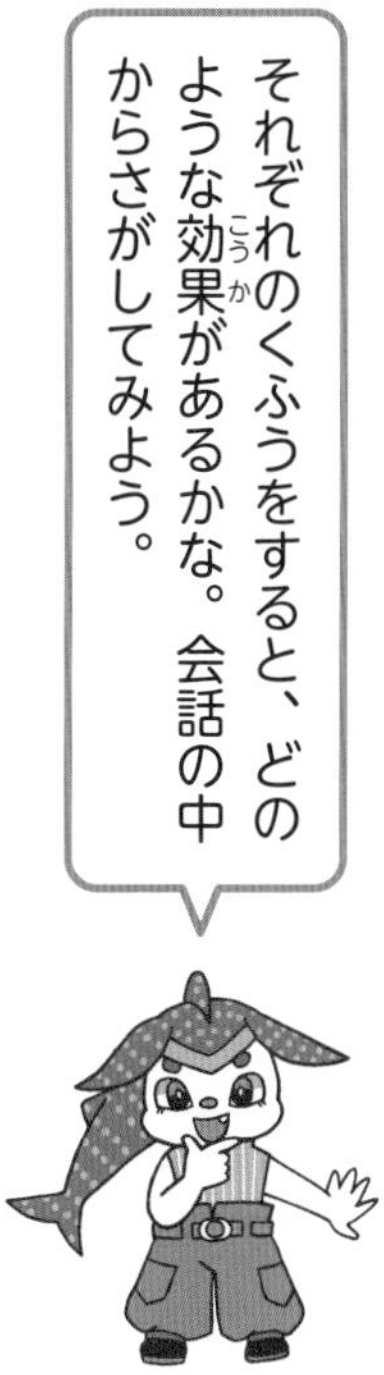
それぞれのくふうをすると、どのような効果《こうか》があるかな。会話の中からさがしてみよう。

資料《しりょう》の読み取り

◆次の文章を読んで答えましょう。

私《わたし》たちが人とやりとりをするとき、そこに、①感情《かんじょう》的な要素《ようそ》と論理《ろんり》的な要素の双方《そうほう》を観察できます。私たちの言動は、多くの場合、感情が発端《ほったん》となっており、また感情に支《ささ》えられています。一方、私たちが使う言語は「論理」によって動いていて、通常《つうじょう》の場合は、論理的な思考とまったく無縁《むえん》な言動というものも考えにくいと言えます。

したがって、感情と論理は並《へい》行《こう》して存在《そんざい》しているのではなく、図1に示《しめ》したように、[A]が核《かく》にあり、その周りを[B]がおおっているようなイメージでとらえたほうがよいでしょう。

この感情と論理の関係を、本書では、コミュニケーションのレイヤ(layer：層《そう》)と呼《よ》びます。

この感情と論理のバランスは、それぞれのコミュニケーション事態《じたい》によって様々なものとなります。しかし、まったく論理のみになることも、その逆《ぎゃく》に、まっ

図1

1 ①「感情的な要素と論理的な要素の双方を観察できます」とありますが、人のやりとりにおいて、双方を観察できるのはなぜですか。(各10点)

私たちの言動は、感情を［　　］とする一方、言語には論理があるため、論理と［　　］な言動は考えにくいから。

2 [A]・[B]に合う言葉を、文章からそれぞれ二字で書きぬきましょう。(各10点)

A［　　］　B［　　］

3 ②「学問的な議論」、③「恋人同士のコミュニケーション」での感情のレイヤは、図2のア・イのうちのどちらかです。合うものを一つずつ選んで、記号を答えましょう。(各10点)

②(　　)　③(　　)

たく感情のみになることもありません。図2に示したように、たとえば②学問的な議《ぎ》論《ろん》などの場合は、論理のレイヤが要素の大半を占《し》めることになるでしょうが、それでも感情の要素がなくなることはないでしょう。また、たとえば、③恋人《こいびと》同士のコミュニケーションなどでは感情のレイヤが大きな部分を占めることになりますが、それでも論理の要素がゼロになることはありません。

したがって、コミュニケーションにおいては、感情と論理の双方を意識する必要があります。論理的に完全であったとしても、感情的に拒絶《きょぜつ》されることはありますし、また、④その逆もありうるからです。

（高田明典《たかだあきのり》『コミュニケーションを学ぶ』ちくまプリマー新書）

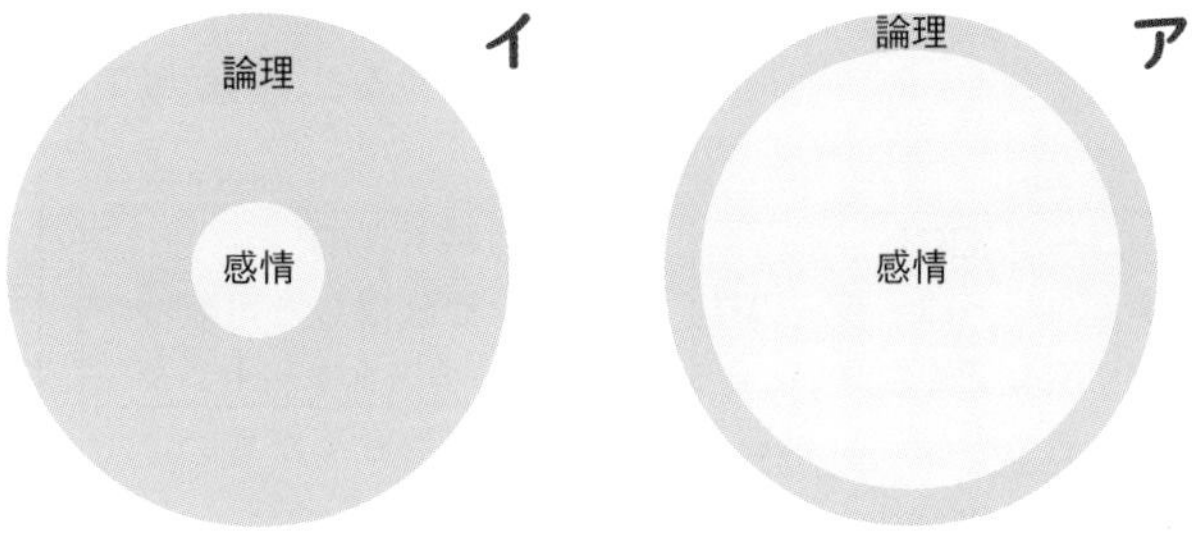

図2

アは論理の部分が少ししかないね。イは感情の部分が少ししかないね。

4 ④「その逆」とは、どのようなことですか。一つ選んで、○を付けましょう。（20点）

ア（　）感情的には受け入れられても、論理的に否定《ひてい》されること。

イ（　）論理的に完全であり、感情的にも受け入れられること。

ウ（　）感情的にも、論理的にも、完全に否定されること。

5 この文章で、筆者が伝えたいことは何ですか。（20点）

私たちの言動には、感情的な要素と論理的な要素があるから、コミュニケーションにおいては、

（　　　　　　　　）

資料《しりょう》の読み取り

◆ 次の資料《しりょう》と会話を読んで答えましょう。

【ゲーム機のホームページ１】

使い方ガイド

ア　初期設定《せってい》	イ　充電《じゅうでん》の仕方
ウ　コントローラー設定《せってい》方法	エ　インターネット接続《せつぞく》方法
オ　利用者登録	カ　パスワード管理
キ　困《こま》ったときは…	ク　故障《こしょう》しやすい使い方

【ゲーム機のホームページ２】

エラーコード[AA] …インターネットに接続《せつぞく》し直してください。 →方法はこちら。	エラーコード[BB] …データ読みこみエラー。再《さい》起動《きどう》してください。電源《でんげん》ボタンを長おしすると、再起動できます。
エラーコード[CC] …本体とコントローラーの接続をやり直してください。 →方法はこちら。	エラーコード[DD] …データが破損《はそん》した可能性《かのうせい》があります。カスタマーセンターにお問い合わせください。

❶ ①「ここ」とは、どこのことですか。【ゲーム機のホームページ１】のア〜クから一つ選んで、記号で答えましょう。（15点）

（　　）

❷ ②「それ」とは、何のことですか。文章中から六字で書きぬきましょう。（15点）

□□□□□□

❸ □に合う言葉を、【ゲーム機のホームページ２】の言葉を使って書きましょう。（20点）

（　　）

ともきさんのゲーム機の画面には、「BB」と表示《ひょうじ》されていることから考えよう。

ともきさんは、兄とゲームで遊んでいたが、ゲーム機が急に動かなくなってしまったため、インターネットでゲーム機のホームページを見て対策《たいさく》を調べてみることにした。

ともき　ホームページを開いたけれど、どこを見ればいいんだろう。
兄　動かなくなって、どうしたらよいか分からないわけだから、①ここをみればいいんじゃないかな。
ともき　そうか、たしかに。あ、エラーコードっていうのがたくさん出てきたよ。
兄　エラーは「不具合」のことだから、②それを調べれば、よさそうだね。ゲーム機の画面には何か出てる？
ともき　「BB」って出てるよ。
兄　ということは、これだね。データの読みこみのエラーだったんだね。□すればいいみたいだよ。
ともき　あ、直った！
兄　よかったね。今回はすぐに直ったけれど、なるべくこわれないように使うために、③こっちのページを見ておくといいかもね。

（書き下ろし）

4　③「こっちのページ」とは、どこのページのことですか。**【ゲーム機のホームページ】**の**ア〜ク**から一つ選んで、記号で答えましょう。（15点）

（　　）

5　エラーコード「AA」の対策方法は、どのページの内容と同じだと考えられますか。**【ゲーム機のホームページ】**の**ア〜ク**から一つ選んで、記号で答えましょう。（15点）

（　　）

6　データがこわれた可能性がある場合、どのようにすればよいですか。（20点）

（　　）

データがこわれた可能性がある場合に出るエラーコードは何かな？

◆次の文章を読んで答えましょう。

穀物《こくもつ》や野菜を育てるには、水が必要です。家畜《かちく》を育てるにも、エサとなる穀物を育てるのにも、大量の水が使われます。そうなると、食料を輸出《ゆしゅつ》している国から日本へ流れこむ、①太く大きな水の流れがあると言いかえることもできるでしょう。

一方、水不足などのために、食料をつくりたくてもつくれない国が増《ふ》えています。そういう国は、他国から食料を輸入《ゆにゅう》せざるを得《え》ませんが、まずしいために充《じゅう》分《ぶん》な量を輸入できないこともあります。

日本が他国から買っている食料の量は、約五八〇〇万トンとされています。さらに言うと、②その多くを捨《す》てています。（中略《ちゅうりゃく》）その量は、年間約一九〇〇万トンです。そのうち約八〇〇万トンは食品関連のお店や工場から、約一一〇〇万トンは一般《いっぱん》家庭から出されています。

約五八〇〇万トンを海外から買ってきて、その約三分の一を捨ててしまうのです。わかりやすくいえば、［A］のです。

ぼくたちが廃棄《はいき》する年間約一九〇〇万トンの食料は、年間三〇〇〇万人～五〇〇〇万人の食料になると考えられています。せめて残飯の排出量《はいしゅつりょう》を現在《げんざい》の半分にし、その分の輸入を減《へ》らすことができれば、③輸入したくてもできない国の人々の飢《う》えをやわらげられるかもしれません。

（橋本淳司《はしもとじゅんじ》『100年後の水を守る　～水ジャーナリストの20年～』文研出版《ぶんけんしゅっぱん》）

食品廃棄量の比較《ひかく》

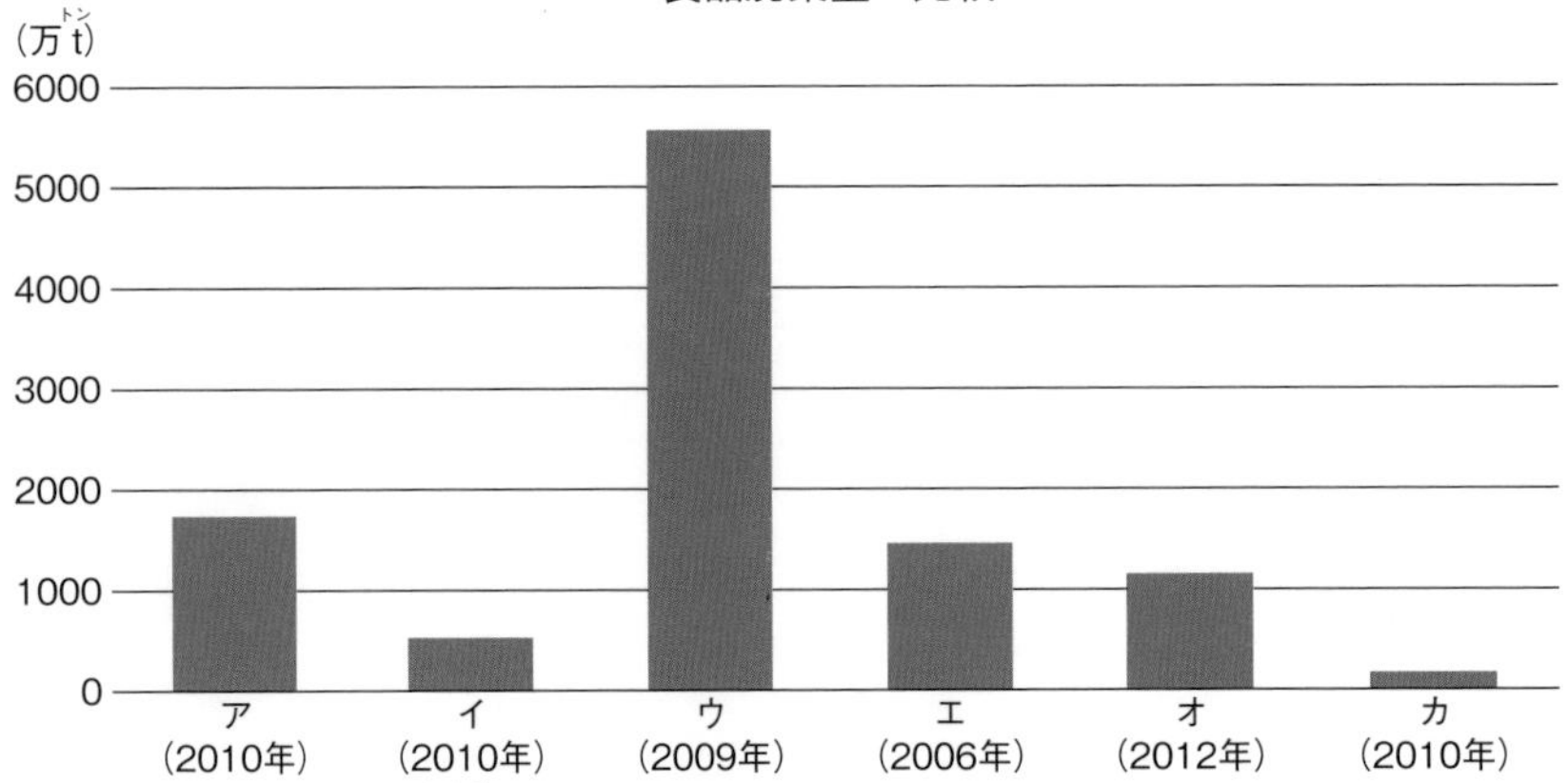
（万t《トン》）
6000
5000
4000
3000
2000
1000
0
ア（2010年）
イ（2010年）
ウ（2009年）
エ（2006年）
オ（2012年）
カ（2010年）

農林水産省「食品ロス削減《さくげん》にむけて」をもとに作成

点

1 ①「太く大きな水の流れがある」とは、どういうことですか。（各10点）

日本は［　　　　］を［　　］していることになるということ。

2 ②「その多くを捨てています」とありますが、「食品廃棄量の比較」のグラフで、ア～カのうち日本を表すのはどれですか。一つ選んで、記号で答えましょう。（15点）

（　　）

3 [A]に合う言葉を、一つ選んで、記号で答えましょう。（15点）

ア（　）水を五八〇〇万リットル買い、すべて飲みほしている

イ（　）ハンバーガーを六個《こ》買い、そのうちの二個は捨てている

ウ（　）米を作って輸出する代わりに、同じ量のパンを輸入している

4 ③「輸入したくてもできない国の人々の飢えをやわらげられる」とありますが、そのためには、どうすることが必要だと述べられていますか。（20点）

（　　）

5 食料を充分に輸入できずに飢えている人々のために、わたしたちが日々の生活でできることには何がありますか。あなたの考えを書きましょう。（30点）

表《ひょう》現《げん》力《りょく》

（　　）

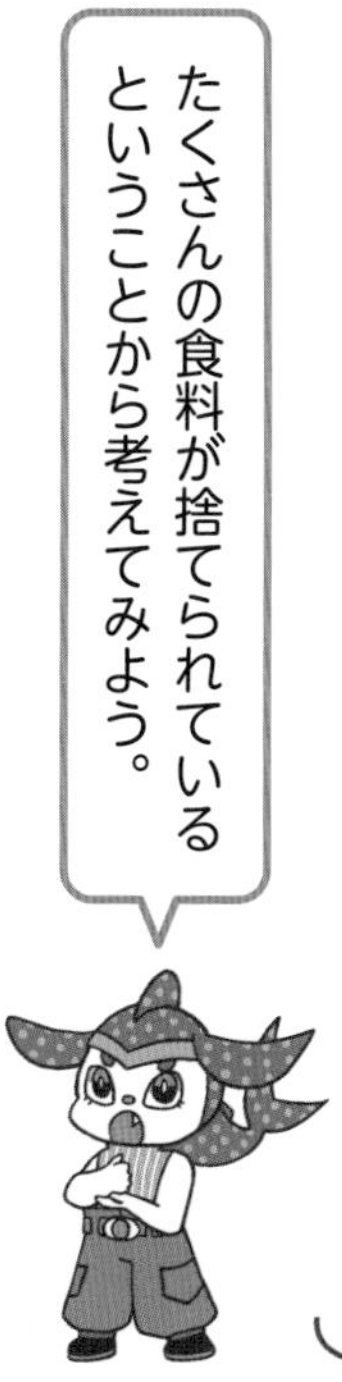
たくさんの食料が捨てられているということから考えてみよう。

複《ふく》数《すう》の資《し》料《りょう》の読み取り

点

◆次の資料《しりょう》と会話を読んで答えましょう。

日本の肉類の消費量《しょうひりょう》

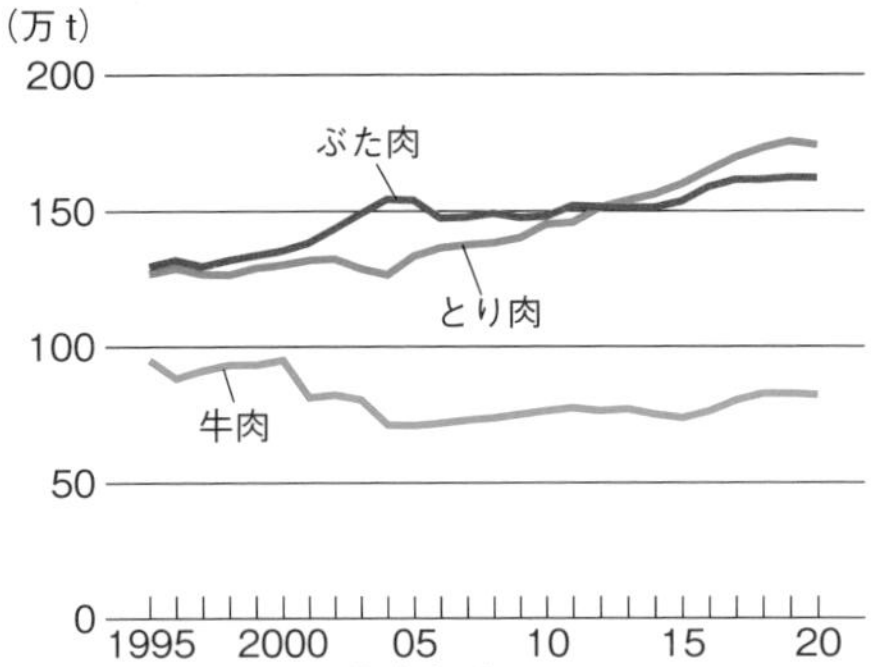
(万 t)
200
150
100
50
0
ぶた肉
とり肉
牛肉
1995
2000
05
10
15
20

農林水産省「食料需給表《じゅきゅうひょう》」をもとに作成

一人1日あたりの肉と魚の消費量（2019年）

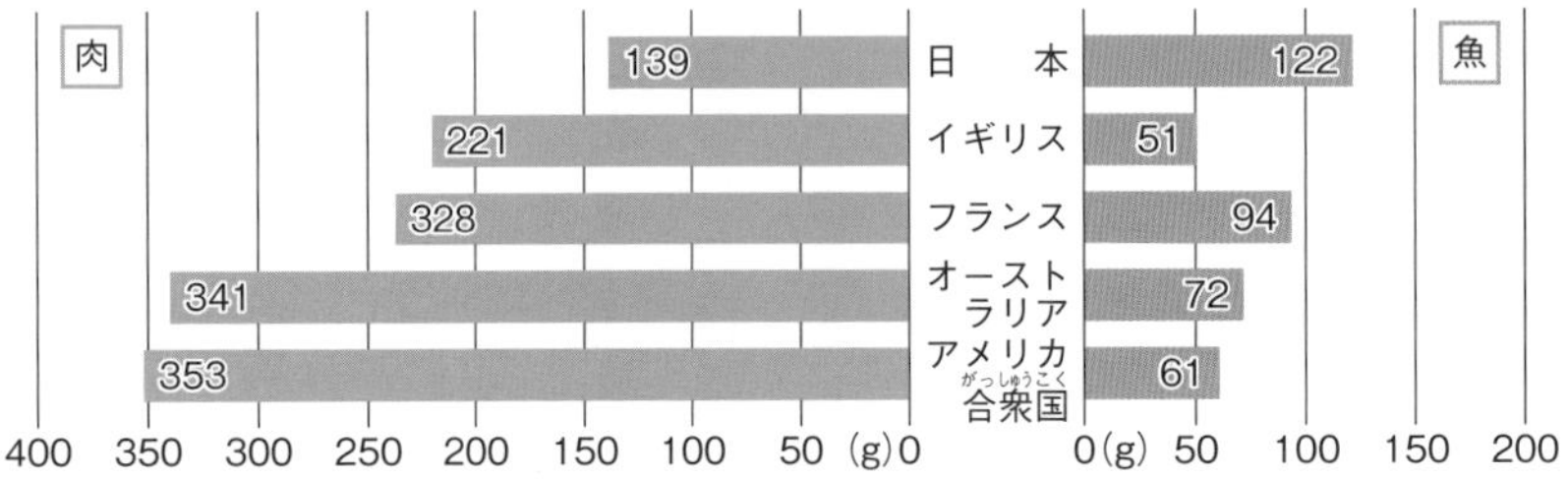
肉
魚
日　本 139 122
イギリス 221 51
フランス 328 94
オーストラリア 341 72
アメリカ合衆国《がっしゅうこく》 353 61
400 350 300 250 200 150 100 50 (g) 0
0 (g) 50 100 150 200

国連食糧《しょくりょう》農業機関の資料《しりょう》をもとに作成

複数《ふくすう》の資料の関係や、資料と文章の対応《たいおう》に注目して、資料の内容《ないよう》やそこから分かることをとらえましょう。

1 「そうじゃない」とありますが、二〇二〇年度において、日本で最も多く消費されたのはどの肉ですか。グラフから書きぬきましょう。（20点）

〔　　　〕

2 A に合う言葉を一つ選んで、記号に○をつけましょう。（20点）

ア（　）50万トンから100万トン

イ（　）100万トンから150万トン

ウ（　）150万トンから200万トン

A には、牛肉の消費量が入るよ。「日本の肉類の消費量」のグラフを見よう。

山田《やまだ》　ぼくはステーキとか焼肉が好きだから、他の肉と比《くら》べて牛肉の消費量がいちばん多いと思っていたのに、そうじゃないんだね。

木村《きむら》　そうだね。牛肉の消費量は毎年［A］の間だね。

森本《もりもと》　ぶた肉やとり肉の消費量はだんだん［B］いるね。

山田　ぼくの家族はみんなお肉が好きだから、日本の肉の消費量は他の国と比べて多いんじゃないかな。

木村　そうでもないみたいだよ。日本・イギリス・フランス・オーストラリア・アメリカ合衆国の五か国で比べると、日本の肉の消費量はいちばん少ないんだ。

山田　その代わり、魚の消費量では、日本は［C］んだね。確《たし》かにさしみや焼き魚も好きだなあ。

森本　つまり、日本では、全体的に肉類の消費量は増《ふ》えているけれど、世界的にみると、消費量はそれほど多くなくて、代わりに魚の消費量が多いということだね。

木村　なんでも食べすぎはよくないから、いろいろなものをバランスよく食べるようにしたいね。

（書き下ろし）

3　［B］に合う言葉を自分で考えて、三字で書きましょう。（20点）

4　［C］に合う言葉を、文章から六字で書きぬきましょう。（20点）

5　資料から分かることをまとめたものを一つ選んで、○をつけましょう。（20点）

ア（　）日本の肉の消費量は、ぶた肉やとり肉を中心に増えているが、世界的にみると少ない。

イ（　）日本では、肉と魚の消費量が同じくらいであり、理想的な食事をしているといえる。

ウ（　）日本では漁業がさかんだが、食肉の生産もさかんになってきている。

会話がどのグラフのどこを指しているのか、確《たし》かめてみよう。

49

論《ろん》理《り》的文章

複《ふく》数《すう》の資《し》料《りょう》の読み取り

練習 ★★★

◆次の文章を読んで答えましょう。

下のグラフは台風の発生数、接近《せっきん》数、上陸数の月別平均《へいきん》数を示《しめ》したものです。これを見ると、七～九月に多く発生して、そのうちのいくつかが日本に接近、上陸していることがわかります。しかし、数は少ないものの、一～四月にも発生していることがわかります。

[A]。

暖《あたた》かい南の海で発生する台風は、西に進んでフィリピンやベトナムに上陸したり、北に進んで日本に接近したりします。台風の発生位置やその後の動きは季節によって変わってきます。

春の台風は緯《い》度《ど》の低い赤道あたりで発生します。こ

台風の月別平均発生数・接近数・上陸数（1951年～2019年）

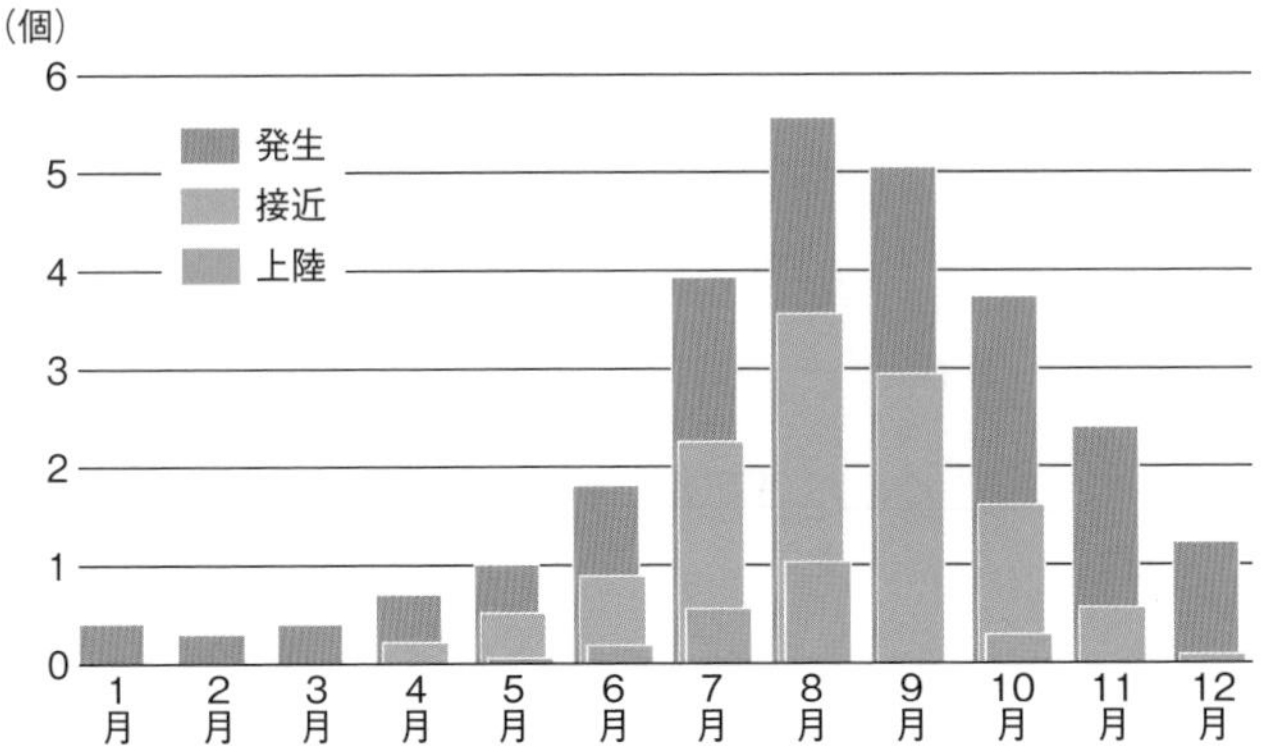

（個）
6
5
4
3
2
1
0
発生
接近
上陸
1月
2月
3月
4月
5月
6月
7月
8月
9月
10月
11月
12月

1 [A]に合う言葉を一つ選んで、○をつけましょう。（10点）

ア（　）夏と秋のみに発生しているのです

イ（　）冬以外は発生しているのです

ウ（　）台風は年中発生しているのです

2 台風の発生数が、最も多い月と最も少ない月はそれぞれいつですか。（各10点）

最も多い月……（　　）

最も少ない月……（　　）

3 上のア～ウの三つの図のうち、春、夏、秋における台風の経《けい》路《ろ》を表したものはどれですか。一つずつ選んで、記号を答えましょう。（各10点）

春（　）　夏（　）　秋（　）

点

の時期の台風は西に進むことが多く、フィリピンやベトナムに向かいます。

夏になると、高緯度で台風が発生するようになります。そして、北にも向かいます。

秋になると、北上する台風は日本列島のある中緯度までやってくると、東のほうへ向きを変えます。

このような特徴《とくちょう》をもっているので、台風の発生数が多いのは八月でも、日本への上陸数は九月も八月も同じくらいになります。

（筆保弘徳《ふでやすひろのり》『台風の大研究　最強の大気現象《げんしょう》のひみつをさぐろう』PHP研究所）

ア

日本
フィリピン
ベトナム

イ

日本
フィリピン
ベトナム

ウ

日本
フィリピン
ベトナム

4 「台風の月別平均発生数・接近数・上陸数」のグラフでは9月の上陸数がぬけています。正しい上陸数のグラフを一つ選んで、○をつけましょう。（20点）

ア（　）
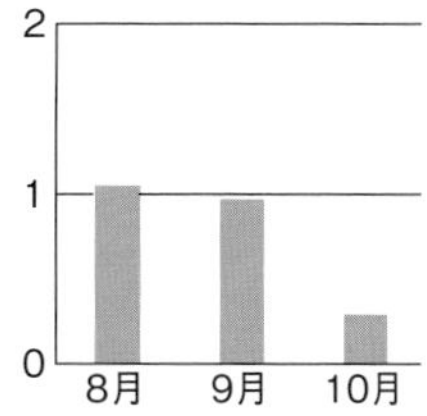
2
1
0
8月
9月
10月

イ（　）
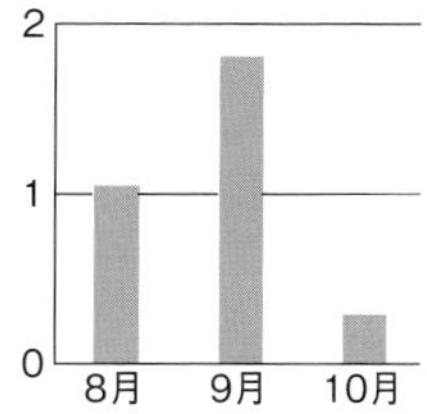
2
1
0
8月
9月
10月

ウ（　）
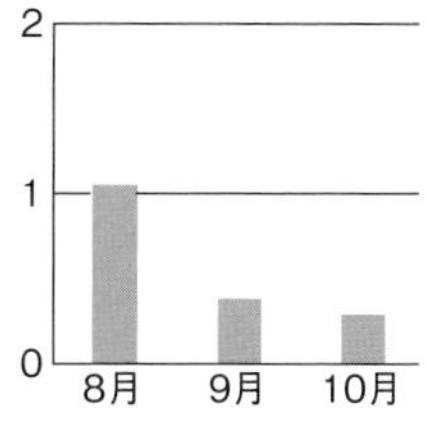
2
1
0
8月
9月
10月

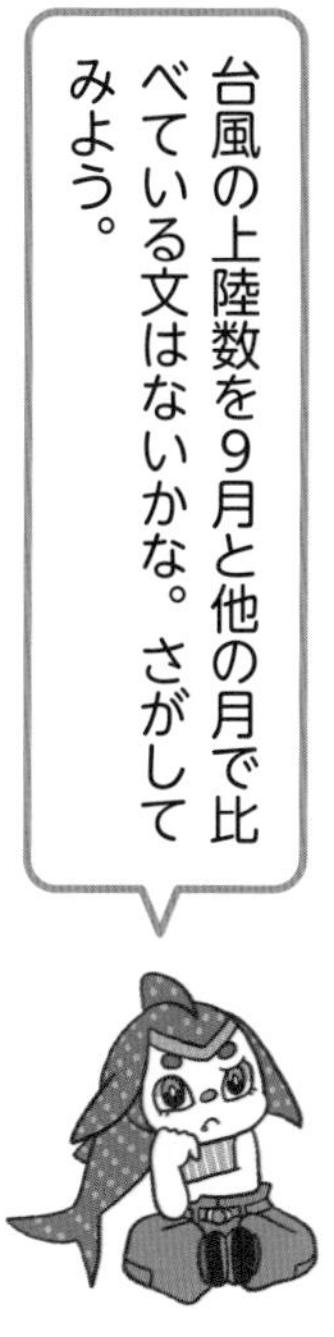
台風の上陸数を9月と他の月で比べている文はないかな。さがしてみよう。

5 文章の内容《ないよう》に合うものを一つ選び、○をつけましょう。（20点）

ア（　）台風が発生する場所や進み方は季節で変わる。

イ（　）夏には暖かくない海でも台風が発生する。

ウ（　）冬に台風が上陸することは今後もあり得ない。

複《ふく》数《すう》の資《し》料《りょう》の読み取り

練習 ★★★

点

◆次の資料とやり取りを読んで答えましょう。

〔あるニュース記事をもとに、インターネット上で交わされたやり取りである。〕

××マラソン大会　日本選手活躍《かつやく》！

8月〇日、東京都で「××国際《こくさい》マラソン大会」が開催《かいさい》された。たいへんな熱戦の末、オリンピックへの出場経験のある△△選手が、見事優勝《ゆうしょう》した。また、△△選手をふくめ、8位までに4名の日本選手が入賞《にゅうしょう》した。

今年7回目をむかえる「××国際マラソン大会」は、日本のみならず世界的に人気の大会。今回は世界各国から15,000人の選手が、出場した。

快晴《かいせい》にめぐまれた当日、午前9時に順次スタートした選手は、人気の観光名所が見えるコースを経《へ》て、ゴールを目指した。午前10時に気温が30度をこえ、午前11時には気温が33度に達して、きびしい大会となったが、選手たちはえがおで東京の街をかけぬけた。……

A　いいなあ。私《わたし》もマラソンをしているから、いつかは出場してみたいな。

1　A～Fさんのうち、八月のマラソン大会の開催《かいさい》に否《ひ》定《てい》的《てき》な意見をもっている人をすべて選び、記号で答えましょう。（10点）

〔　　　　〕

2　①「あんな日」とは、どのような日でしたか。（各10点）

八月の、午前十時に気温が〔　　　〕度をこえる〔　　　　〕にめぐまれた日。

3　否定的な意見をもっている人は、「××国際マラソン大会」のどのようなところに疑《ぎ》問《もん》をもっていますか。一つ選んで、〇を付けましょう。（10点）

ア（　）マラソン大会の時期。

イ（　）マラソン大会の結果。

ウ（　）マラソン大会の場所。

B　①あんな日にマラソンなんて、熱中症《ねっちゅうしょう》になりそうだよ。

C　私もそう思う。こんな日にマラソン大会を開くなんて、あぶないいんじゃないかな。

D　②何か月も前から当日の天気や気温なんて分からないんだし、この日に開催されたのは仕方ないよ。それに、ぼくが子どもだった一九八〇年代は、夏でも走り回ってたけど、熱中症なんてなったことないよ。

E　コース近くの病院に勤《つと》めている者です。マラソン大会の当日、熱中症で来院した人はいませんでしたよ。真夏のマラソン大会があぶないなんて、考えすぎですよ。

F　③そうかな。昔より平《へい》均《きん》気温は上がっているし、今回はたまたま熱中症になる人がいなかったかもしれないけど、熱中症の人がたくさん出る前に、すずしい春や秋に、開催時期を変更《へんこう》したほうがいいと思うな。

（書き下ろし）

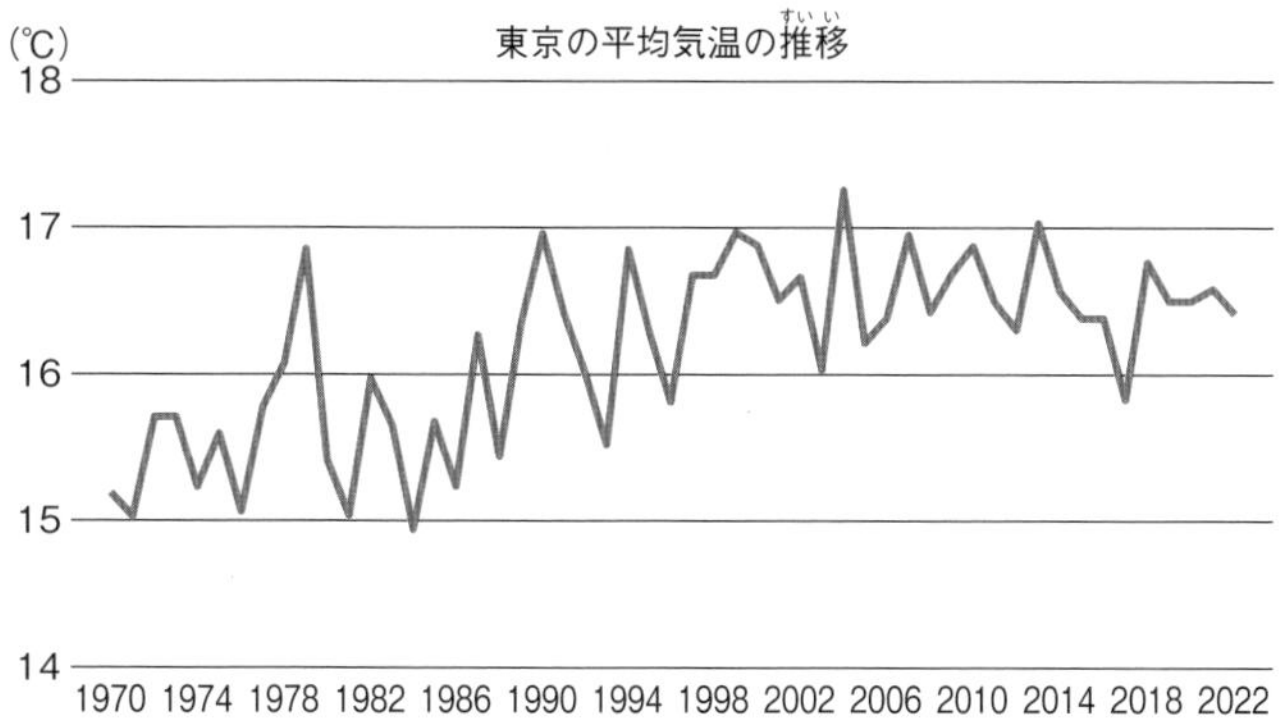
東京の平均気温の推移《すいい》
(℃)
18
17
16
15
14
1970 1974 1978 1982 1986 1990 1994 1998 2002 2006 2010 2014 2018 2022
気象庁のホームページをもとに作成

4　②——とありますが、あなたが、マラソン大会に否定的な立場だった場合、どのような反論《はんろん》をしますか。（20点）

［　　　　　　　　］

5　③——とありますが、これはA～Eさんのどの人の意見に対して述《の》べているのですか。（20点）

［　　　　］

6　インターネット上でのやり取りであることをふまえて、正しいものを一つ選び、〇を付けましょう。（20点）

ア（　）Eさんは病院の関係者である。

イ（　）一九八〇年代と比べると、東京都の平均気温は本当に上がっている。

ウ（　）「××国際マラソン大会」の開催時期は変更したほうがよい。

インターネット上のやり取りでは、顔や名前が分からない分、何が正確《せいかく》な情報《じょうほう》なのか、しっかり考える必要があるね。

複数《ふくすう》の資料《しりょう》の読み取り

◆次の文章を読んで答えましょう。

現在《げんざい》、世界には約五千種ほどのカエルがいるといわれています。［A］、カエルの種類の多い熱帯雨林の調査《ちょうさ》がまだ十分ではなく、実際《じっさい》にはもっと多いと考えられています。

日本のカエルは、亜種《あしゅ》まで含《ふく》めると四十四種類です。このうち、三種類の外来種（ウシガエル、オオヒキガエル、シロアゴガエル）を除《のぞ》くと、日本に昔からすんでいたと考えられるのは、四十一種類です。

この日本のカエル四十一種類にはいくつかの特徴《とくちょう》があります。まず、世界で日本にしかすんでいない、いわゆる①固有種といわれるカエルがたくさんいることです。四十一種類のうち、三十七種類が日本にしかいないカエルです。これは日本が島国で大陸とは離《はな》れているために、日本国内でカエルたちの独自《どくじ》の進化があったことを示《しめ》しています。

日本のカエルは分布《ぶんぷ》にも特徴があります。それは、屋久島《やくしま》と奄美大島《あまみおおしま》の間にあるトカラ海峡《かいきょう》を境《さかい》にして、東と西ですんでいるカエルの種類が違《ちが》うのです。トカラ海峡より南西にある南西諸島《なんせいしょとう》には二十一種類のカエルがいます。一方、トカラ海峡より東に位置する九州から北海道までにも二十一種類のカエルが生息しています。しかし、②両方の場所に生息するのは、ヌマガエルだけです。

この理由は、かつて海面が低くなり、日本列島が陸続きになっていた時代でもトカラ海峡には海があったため、東から来たカエルも西から来たカエルもそれ以上先には進めなかったからだと考えられます。

カエルは人家周辺から山岳《さんがく》地帯まで分布しています。生息場所も樹木《じゅもく》の上や林の中、池、田んぼなどさまざまです。しかし、どこに暮《く》らしていても産卵《さんらん》のためには水が必要です。

左の表は、九州から北海道に分布する二十二種類のカエルの産卵場所をまとめたものです。この表から田んぼを産卵場所に利用するカエルが多いことがわかります。トノサマガエルやトウキョウダルマガエルのように、一年中田んぼで暮らすカエルもいますが、ふだん、森にすんでいるヤマアカガエルや樹上《じゅじょう》で暮らすニホンアマガエルも産卵のためにわざわざ田んぼまで移《い》動《どう》してくるのです。

一方、南西諸島では、田んぼをおもな産卵場所にしているカエルは四種類(ヌマガエル、サキシマヌマガエル、ヒメアマガエル、ハロウエルアマガエル)くらいです。［B］、これらのカエルも田んぼ以外の湿地《しっち》で産卵することも多く、③田んぼがないと繁殖《はんしょく》に困《こま》るわけではありません。おそらく、南西諸島はとても湿潤《しつじゅん》なので、田んぼ以外にも湿地がたくさんあるからだと考えられます。

九州から北海道にすむカエルの産卵場所
(産卵が多く見られる順に◎→○→△)

	［C］・水路	池・沼《ぬま》・湿地	川・渓流《けいりゅう》
ヌマガエル	◎	○	
ヤマアカガエル	◎	○	
トノサマガエル	◎	△	
シュレーゲルアオガエル	◎	△	
ニホンアカガエル	◎	△	
ツチガエル	◎	△	△
チョウセンヤマアカガエル	◎	△	
ツシマアカガエル	◎	△	
トウキョウダルマガエル	◎	△	
ナゴヤダルマガエル	◎	△	
ニホンアマガエル	◎	△	
アズマヒキガエル	○	◎	
ニホンヒキガエル	○	◎	
ウシガエル(外来種)	△	◎	△
エゾアカガエル	△	◎	
モリアオガエル	△	◎	
ナガレヒキガエル			◎
タゴガエル			◎
ヤクシマタゴガエル			◎
オキタゴガエル			◎
ナガレタゴガエル			◎
カジカガエル			◎

(福山欣司《ふくやまきんじ》『田んぼの生きものたち　カエル』農山漁村文化協会)

1 ［A］・［B］に合う言葉を、一つずつ選んで、記号で答えましょう。(各5点)

ア しかし　イ だから　ウ また　エ 例えば

A(　　)　B(　　)

2 ①「固有種といわれるカエルがたくさんいる」とありますが、このことから何が分かりますか。(各5点)

日本が□□であるために、カエルが、大陸とはことなる□□□□□をしたということ。

3 ②「両方の場所に生息するのは、ヌマガエルだけ」とありますが、トカラ海峡をはさんで、生息するカエルが大きくことなるのはなぜですか。(各5点)

日本列島が(　　)だった時代でも、トカラ海峡には(　　)があり、東西から来たカエルが海峡を(　　)から。

⬅次のページに続きます。

4 ③「田んぼがないと繁殖に困るわけではありません」とありますが、それはなぜですか。（15点）

5 表中の C に合う言葉を、文章から書きぬきましょう。（15点）

6 次の資料《しりょう》と会話を見て、問いに答えましょう。

田畑別耕地《こうち》面積の推移《すいい》（全国）

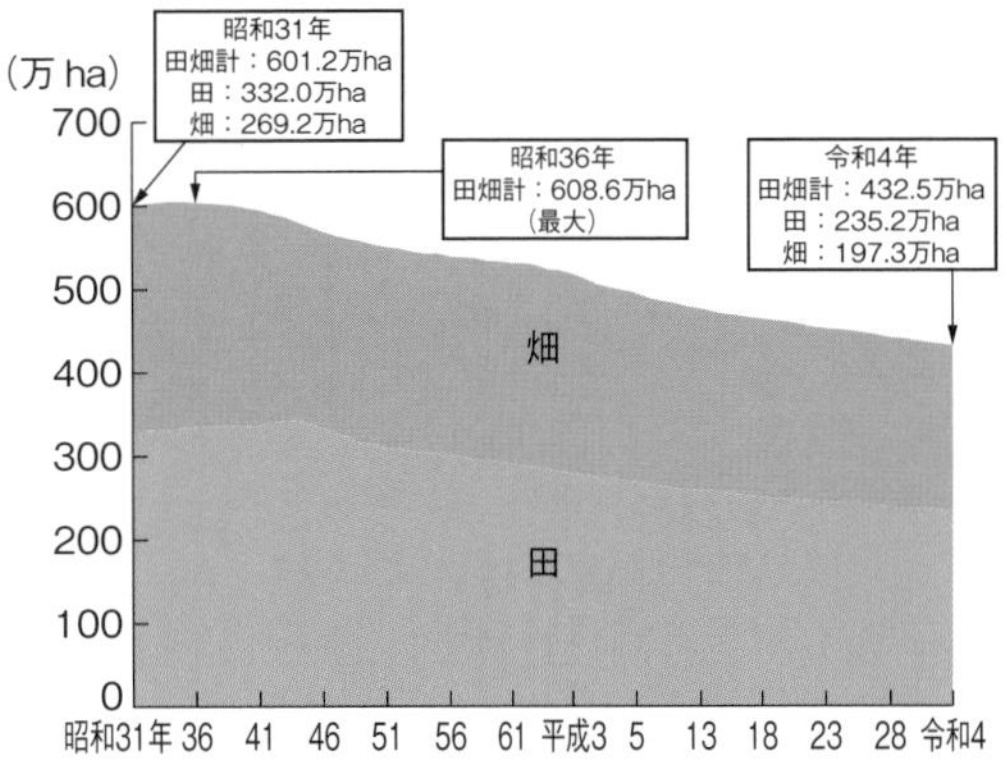

（万 ha）
700
600
500
400
300
200
100
0
昭和31年
田畑計：601.2万ha
田：332.0万ha
畑：269.2万ha
昭和36年
田畑計：608.6万ha
（最大）
令和4年
田畑計：432.5万ha
田：235.2万ha
畑：197.3万ha
畑
田
昭和31年 36 41 46 51 56 61 平成3 5 13 18 23 28 令和4

耕作放棄地《こうさくほうきち》面積の推移

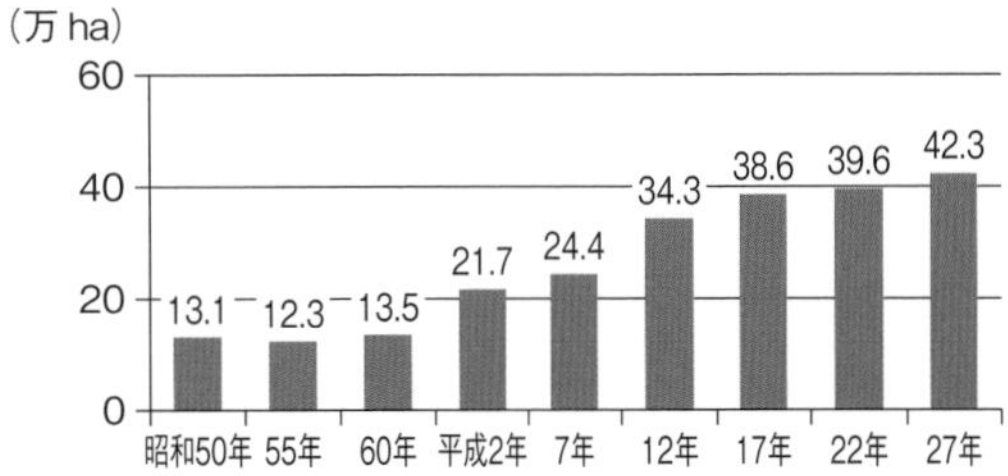

（万 ha）
60
40
20
0
13.1
12.3
13.5
21.7
24.4
34.3
38.6
39.6
42.3
昭和50年 55年 60年 平成2年 7年 12年 17年 22年 27年

資料：農林水産省「荒廃《こうはい》農地の発生・解消《かいしょう》状況《じょうきょう》に関する調査《ちょうさ》」、「農林業センサス」をもとに作成

北島《きたじま》「耕作放棄地《こうさくほうきち》」ってなんですか？

先生　作物を作らなくなった田んぼや畑のことです。田んぼの場合、数年間米を作らないと、陸地になってしまいます。

近年、カエルが減《へ》っていることが問題になっています。資料から分かる原因《げんいん》の一つは何ですか。（15点）

7 文章や資料から、あなたが考えたことは何ですか。（20点）

表現力《ひょうげんりょく》

文章からは、カエルのすんでいる場所、資料からは、カエルのすむ田んぼの環境《かんきょう》について分かるね。

52

文学的文章

確《たし》かめテスト①

◆ 次の文章を読んで答えましょう。

〔チヅルは、以前材木置き場で会った内田久義《うちだひさよし》を運動場で見つけた。〕

　ボールをむこう側の子に投げながらも、つい、①あの子のことが気になって、ちらちらと壁《かべ》ぎわのほうを盗《ぬす》みみてみると、あの子もチヅルが気になるのか、ちらちらと上目遣《うわめづか》いにこちらを見ているようなのだった。

（やっぱり転校生だったんだ）

となんだか嬉《うれ》しくなり、この日に屋内運動場にいるからには同じ四年生だというのもわかり、それだけで、人の知らないことを知ったような気になって得意《とくい》な気持ちだったが、それにしても、どうしてひとりでいるのか、友だちができないのかもしれないが、それならおとなしく教室にいればいいのにと思ううちに、もしかしたら、②三組の子かもしれないと思いあたった。

　三組のセンセーは、昼休みには全員、遊びにでるようにという命令をだしており、教室のみまわりをして居《い》残《のこ》っている子がいると、あとで職員室《しょくいんしつ》に呼《よ》んで、友だちがいないのか、だれかにイジめられているのか、としつこく聞《き》くとの情報《じょうほう》もあり、それがイヤさに、みんなが運動場にきて、女子は運動場のすみで漫画本《まんがぼん》を貸《か》し借《か》りしたり、男子は怪獣《かいじゅう》カードを見せっこしたりして、ボール遊びや鬼《おに》ごっこをやるのが正統《せいとう》の運動場では、三組はじゃまだというのが他の組の子たちの一致《いっち》した意見なのだった。

　ちらちらと見ていると、三年生のときに同じ組で、いまは四年三組のコバヤシが内田久義に近づき、なにか言っているようで、それだけならたいしたことはないが、内田久義がなんだかひどく困《こま》ったように笑いながら、顔をうつむけているのを見て、

（コバヤシのやつ。また、掃除《そうじ》をおっつけてるな）

とピンときたチヅルは、

「あたし、ちょっとタンマね」

ととなりの子に囁《ささや》いて、鬼ごっこをやってる他の組の子とぶつかりそうになりながら、ひょいひょいと身をかわしつつ、③ふたりのところまで飛んでいった。

　コバヤシというのは大柄《おおがら》でナマイキなヤツで、乱暴《らんぼう》ではないのだが、弱そうな子をみつけては掃除をおっつけるという悪いクセがあり、三年生のころ、その現場《げんば》をみつけるたびに、チヅルが飛んでいって、

「おばさんに、いいつけるよっ」

点

←次のページに続きます。

と牽制《けんせい》しては、女子や気のよわい男子に感謝《かんしゃ》されて、感謝されるのがいい気分だものだから、ますます④コバヤシ退治《たいじ》をしていたのだった。

たまたまコバヤシとは近所で、近所といってもアキラのような近所でもなかったが、盆踊《ぼんおど》りとかのときは同じ場所にくる程度《ていど》には近所で、コバヤシの母親も町内会の役員をやったりして顔見知りの強みがあり、そうなるとでしゃばるのがチヅルのお調子者のところなのだった。

「小林《こばやし》クン、掃除なら、自分でやんな！」

小林は、チヅルを、三年生のときのアダ名で「金魚」と呼んだ。

コバヤシは、菅井《すがい》一派《いっぱ》というほどではないにしろ、掃除をおっつけようとするたびに邪魔《じゃま》をされている恨《うら》みがあるから、ここぞというところでは、やっぱりチヅルを金魚！ と呼ぶわけで、四年生になって、組が違《ちが》ってからはすっかり忘《わす》れていた屈辱《くつじょく》のアダ名をいわれたことで、チヅルはいっきにカッとなり、

「あたしが金魚なら、あんたはなにさ！ タコ八のくせに！」

と言い返してやったところ、木登りバーを背《せ》にして立っていた内田久義《うちだひさよし》が思わずのようにぷぷっと吹《ふ》きだし、おかげでコバヤシは、そのアダ名のように、真っ赤になった。

（中略《ちゅうりゃく》）

コバヤシはふーふーと詰《つ》まりぎみの鼻をならしながら、それでも母親に告《つ》げ口《ぐち》されるのが恐《おそ》ろしいのか、ふっとチヅルから目をそらして内田久義を睨《にら》みつけて、

「ふん。女子に助けてもらって、なさけねえやつ！ さっさとヨソに転校してけよ、転校生！」

と捨《す》てゼリフをのこして、だだっと駆《か》けだしていった。

ざまぁみろといい気分で、

「タコ八の掃除なんか、やってやることないんだよ、内田クン」

正義《せいぎ》の味方のつもりで内田久義をちらりと見ると、内田久義はついさっき、ぷぷっと吹き出したことを後悔《こうかい》しているようにしょんぼりと俯《うつむ》きがちのまま、

⑤「いいんだ、掃除くらい。ぼく、いつも代わってたんだ」

というではないか。

転校生だとすると、この四月から四年三組に入ったのだろうが、四月からずっと、あの図体《ずうたい》がでかいばかりで、そんなにおっかなくもないコバヤシのいうことをきいて、掃除を代わっていたのか、なんという弱虫なんだと、さすがのチヅルもすっかり呆《あき》れて、軽蔑《けいべつ》するような気分になり、

「代わってやることないんだって。そんなことやってるから、ズにのるんだよ」

とぴしぴしいってやると、

「だけど……」

内田久義はしょんぼりしたまま、いいたいことをぐっと飲みこむように口ごもり、ふいに顔をあげて、女子み

たいに長い睫《まつげ》をばしばしさせて、チヅルに困ったように笑いかけた。そうして、なにか言いたそうに口をあけては閉《と》じ、あけては閉じを三回くらい繰《く》り返《かえ》してから、へんに目をそらして、

「あとで小林クンの仲間に、からかわれないかなァ。ヨソの組の女子に、助けてもらったって」

と小声でいい、困ったなァと呟《つぶや》いて、すうっと顔を赤らめたので、そのとたん、チヅルはカーッと頭に血がのぼってしまった。

味方のつもりで駆けつけたというのに、嬉《うれ》しそうな顔もせずに、それどころか助けたのを迷惑《めいわく》がるようなセリフをいわれて、チヅルはほんとうに、世界がひっくり返るほど呆《あき》れかえり、すぐには息もできないほどだった。

（氷室冴子《ひむろさえこ》『いもうと物語』新潮《しんちょう》文庫）

1 ①——とありますが、内田久義を見つけたチヅルは、どんな気持ちになりましたか。（各10点）

内田久義が転校生だとわかって［　　　］なり、自分と同じ四年生だと知って、人の知らないことを知ったような気になって［　　］な気持ちになった。

2 ひとりで運動場にいる内田久義のことを、チヅルが②「三組の子かもしれない」と思ったのはなぜですか。前後に合うように、十三字で書きぬきましょう。（15点）

三組は、［　　　　　　　　　　　　　］ことになっているから。

3 チヅルが③「ふたりのところまで飛んでいった」のは、何をするためですか。合うものを一つ選んで、〇を付けましょう。（10点）

ア（　）内田久義が、四年三組の転校生なのかどうか確《たし》かめるため。

イ（　）内田久義が、コバヤシに掃除をおしつけられているのを助けるため。

ウ（　）内田久義とコバヤシが仲良く話しているので、仲間に入れてもらうため。

③——の前の、ふたりを見たときの、チヅルの心の中の言葉に注目しよう。

←次のページに続きます。

4 チヅルは、なぜ、④「コバヤシ退治」をしていたのですか。合うものを一つ選んで、○を付けましょう。（10点）

ア（　）コバヤシが掃除をおしつけようとするのを邪魔して、その相手から感謝されるのが気持ちよかったから。

イ（　）大柄で乱暴なコバヤシが、自分より弱そうな子にばかり掃除をおしつけようとするのにはらが立ったから。

ウ（　）近所に住んでいてよく知っているコバヤシが、人に対してよくないことをするのをやめさせたかったから。

5 ⑤「いいんだ、掃除くらい。ぼく、いつも代わってたんだ」を聞いて、チヅルは内田久義に対して、どんな気持ちになりましたか。（15点）

（　　　　）

6 内田久義は、チヅルに助けてもらったことをどう思っていますか。合うものを一つ選んで、○を付けましょう。（10点）

ア（　）四月からずっとコバヤシに掃除をおしつけられて困っていたので、チヅルに助けてもらい、喜《よろこ》んでいる。

イ（　）チヅルが助けにきたせいで、友達だったコバヤシとの仲が悪くなってしまい、迷惑に思っている。

ウ（　）よその組の女子に助けてもらったことで、コバヤシの仲間にからかわれるのではないかと困っている。

7 チヅルの内田久義への気持ちは、内田久義のところへ駆けつけたときと、この文章の最後でどう変化しましたか。変化した理由も明らかにして書きましょう。（20点）

（　　　　）

チヅルがどう思って内田久義のところへ駆けつけ、内田久義のどんな態度《たいど》で気持ちがどう変わったのかを読み取ろう。

確《たし》かめテスト②

◆次の文章を読んで答えましょう。

①お金を稼《かせ》ぐには、誰《だれ》かからお金を受け取らなければなりません。それもたんにお金をもらうのではなく、なにかの対価《たいか》としてお金を払《はら》ってもらう、つまり、誰かになにかを売らなければならないということです。

たとえば、私《わたし》があなたになにかを売りたいとき、あなたと私で同じものを持っていても意味がありません。たいていの場合、すでに持っているものを私から買おうとは思わないですよね？　あなたになにかを売るには、あなたが欲《ほ》しいと思うものを私が作ったり、どこかから仕入れてきたりして、「これどうですか」と聞いて、あなたが「欲しい！」と言ったら売ることができます。そのとき、私がそれを作ったり仕入れたりするためにかけた費用《ひよう》とあなたに売った値段《ねだん》の差が私の儲《もう》け(利益《りえき》)となります。

私が仕入れにかけた費用と同じ値段で売っても意味がありません。一〇〇円で仕入れたものを一〇〇円で売っても儲けはゼロになってしまうからです。ですから、一〇〇円で仕入れたときは、一〇〇円より高い値段でそれを買ってもらわなければなりません。そのためには、②なんらかの「違《ちが》い」を作り出すことが必要です。

たとえば、私が小麦粉《こむぎこ》を買ってきておいしいパンを焼いたとしましょう。そのとき、あなたは三〇円分の小麦粉で作ったパンを一〇〇円で買ってくれるかもしれません。あるいは、日本では飲むことのできない特別な香りのする紅茶《こうちゃ》を私が外国から買ってきたとしましょう。日本円で二〇〇円に相当する値段で買ってきたにもかかわらず、あなたは五〇〇円でも買いたいと思うかもしれません。ほかにかかった費用(パンを作るための光熱費《こうねつひ》や外国に旅行するための飛行機代など)をとりあえず無視《むし》して考えると、パンの例では A 円、紅茶の例では B 円を私は儲けることができます。

それでは、なぜあなたはパンや紅茶を買いたいと思ったのでしょうか。それは、私が作り出した「違い」に価《か》値《ち》を見い出したからです。パンの例では、小麦粉をパンにすることで、紅茶の例では、日本にない紅茶を外国から持ってくることで、「違い」を作り出しています。そして、あなたは、その「違い」(小麦粉にはないパンのおいしさ、日本の紅茶にはない外国の紅茶の特別な香り)に惹《ひ》かれて、より多くのお金を支払《しはら》い、私は、違いを作り出した対価としてお金＝儲けを手にすることができたのです。

点

←次のページに続きます。

これが、「違いを見つけてお金を稼ぐ」ということです。

このような経済《けいざい》のしくみを「資本主義《しほんしゅぎ》」と呼《よ》びます。そうした違いを見つけてモノを売ったり買ったりする人たちが集まる場所を「市場《しじょう》」といいます。そして、資本主義のしくみにもとづいてモノを売ったり買ったりすることを「市場交換《こうかん》」とも呼びます。

あなたの町にも、きっと駅前の商店街とか、港の近くの魚市場とか、お店が集まっている場所がありますよね。最近は、ショッピングモールというたくさんのお店が入っている巨大なビルもあちこちで見られるようになりました。これらはみんな、じっさいの売り買いを目で見ることができるので、あなたの想像《そうぞう》する「市場《いちば》」という言葉がぴったり当てはまります。

けれども、売り買いが行われるのは、売り手と買い手が直接《ちょくせつ》会う場所だけではありません。日本は多くの農産物を外国からの輸入《ゆにゅう》に頼《たよ》っていますが、そうした農産物の多くは、離《はな》れている売り手と買い手が電話を使ったり、商品取引所と呼ばれる売買とまとめて仕切る場所を使ったりして売り買いしています。そうした私たちの目には見えない売り買いも、同じ資本主義のしくみにもとづいておこなわれていますから、目に見える売り買いの場所と目に見えない売り買いの場所をまとめて「市場《しじょう》」と呼びます。

最近では、私たちもインターネットを使って、売り買いをすることが増《ふ》えてきていますよね。この本をインターネットで買ってくれた人もいるんじゃないでしょうか。これも目に見えない③市場のひとつなのです。

（長岡慎介《ながおかしんすけ》『中学生の質問《しつもん》箱　お金ってなんだろう？　あなたと考えたいこれからの経済』平凡社《へいぼんしゃ》）

1

(1) ①「お金を稼ぐ」について、問いに答えましょう。

お金を稼ぐとは、どのような仕組みによって成り立っていますか。（各5点）

なにかを自分で（　　　）、どこかから（　　　）するのにかかった費用と、売った（　　　）との差が儲け（利益）になるという仕組み。

(2) (1)のような儲け（利益）を言いかえた言葉を、十字で書きぬきましょう。（10点）
